Geórgia Bachi

Dieta com WHEY PROTEIN

GEÓRGIA BACHI

Dieta com WHEY PROTEIN

Os benefícios do soro
do leite para a sua saúde

© 2013 – Geórgia Bachi
Direitos em língua portuguesa para o Brasil:
Matrix Editora - Tel: (11) 3868-2863
atendimento@matrixeditora.com.br
www.matrixeditora.com.br

Diretor editorial
Paulo Tadeu

Capa, projeto gráfico e diagramação
Alexandre Santiago

Revisão
Silvia Parollo
Adriana Wrege

Dados Internacionais de Catalogação na Publicação (CIP)
SINDICATO NACIONAL DOS EDITORES DE LIVROS, RJ.

Bachi, Geórgia
Dieta com Whey Protein: os benefícios do soro do leite para a sua saúde / Geórgia Bachi. - 1. ed. - São Paulo: Matrix, 2013.
120 p.; 21 cm.

Inclui bibliografia
ISBN 978-85-8230-062-6

1. Dieta de emagrecimento. 2. Hábitos alimentares. I. Título.

13-04169   CDD: 613.2
           CDU: 613.2

As informações contidas neste livro são baseadas em pesquisas pessoais e experiências profissionais da autora. Elas não pretendem ser um substituto à consulta com seu profissional de saúde. Qualquer tentativa de diagnosticar e tratar uma doença deve ser feita sob a orientação de um profissional especializado.

Agradeço a Deus por ter norteado meu caminho e me proporcionado saúde e perseverança para sempre seguir em frente.

*Que seu remédio seja seu alimento,
e que seu alimento seja seu remédio.*
                                    Hipócrates

SUMÁRIO

apresentação 15
Introdução 19
Capítulo 1 - Origem da Vida 23
1.1 Proteínas 23
1.2 Whey Protein 28
  1.2.1 Whey Protein na forma concentrada 30
  1.2.2 Whey Protein na forma isolada 30
  1.2.3 Whey Protein na forma hidrolisada 31
1.3 Relação de proteína com força. 34
Capítulo 2 - Inimigos da Boa Forma 39
2.1 Efeito sanfona. 39
2.2 Redução de gordura corporal 43
Capítulo 3 - Saúde Blindada 47
3.1 Cartilagem 47
3.2 Sistema imunológico. 49
Capítulo 4 - Informações Técnicas 51
4.1 Aprendendo sobre rótulos 51
4.2 Nutrientes presentes no soro do leite 54
  4.2.1 Minerais. 54
    Cálcio 55
    Fósforo 56
    Magnésio 57
    Potássio. 58
    Sódio. 59
4.3 Vitaminas 59
    Vitamina A. 62
    Vitamina C. 62
    Vitamina E 64

Complexo B 64
Vitamina D 66
Capítulo 5 - Adicionando Whey Protein à Dieta 69
5.1 Shakes 71
Batida antioxidante 71
Batida com aveia 71
Batida com frutas 72
Batida de ameixa com limão 73
Batida de banana 73
Batida de blueberry 74
Batida de maçã 74
Batida de morango 75
Batida revigorante 75
Batida rica em vitamina C 76
Batida rica em vitamina D 76
Cappuccino achocolatado 77
Milk-shake com castanha-de-caju 78
Milk-shake de Ovomaltine 79
Smoothie de banana 79
Smoothie proteico 80
5.2 Bolos/Tortas 81
Bolo de caneca I 81
Bolo de caneca II 82
Bolo de cenoura com laranja 83
Bolo de chocolate com banana 84
Bolo de chocolate com castanhas 85
Bolo proteico I 87
Bolo proteico II 88
Tortinha doce 89
5.3 Doces 90
Banana com aveia 90
Barra proteica 91
Creme de baunilha com calda de amora 92
Creme rico em vitamina A 93

Cremoso de banana ... 93
Cremoso de café ... 94
Doce de coco ... 94
Doce proteico ... 95
Frutas tropicais ... 95
Gelado de morango ... 96
Gelatina cremosa ... 96
Gelado proteico ... 97
Granola proteica ... 98
Mousse de abacate ... 98
Mousse de chocolate ... 99
Mousse proteica ... 100
Panqueca de batata-doce ... 101
Panqueca doce ... 102
Panqueca proteica ... 103
Sorvete proteico I ... 104
Sorvete proteico II ... 104
5.4 Salgados ... 105
Minibolo salgado I ... 105
Minibolo salgado II ... 106
Omelete proteica ... 107
Pizza com Whey Protein ... 108
Purê de batata ... 110
Torta rápida ... 111

Considerações finais - 7 hábitos saudáveis ... 113

Referências ... 115

APRESENTAÇÃO

O principal objetivo do estudo da nutrição é apontar em nosso cotidiano alimentos que supram as quantidades de nutrientes de que nosso corpo necessita para se manter saudável, em correto equilíbrio e funcionamento.

No entanto, em decorrência de nossos hábitos culturais e vontades pessoais, essa tarefa acaba encontrando alguns obstáculos. Considero o principal deles a grande oferta de produtos com os quais nos deparamos nas gôndolas do supermercado, que se dizem ricos em vitaminas, minerais, proteínas e nutrientes de forma geral, mas que, na verdade, possuem pouco ou nenhum valor nutricional. Então, logo nos perguntamos: "Quais os alimentos que devemos comer para sermos saudáveis e adquirir energia no decorrer do dia?". Essa questão relacionada com alimentos e dieta saudável tem gerado muita polêmica e confusão nos últimos anos, o que se explica pelo fato de os estudos da nutrição e a figura do nutricionista serem relativamente novos no ambiente acadêmico e na sociedade.

Apesar de os alimentos fazerem parte da vida desde o princípio de nossa existência, a preocupação com a qualidade de vida proporcionada pelo que ingerimos é relativamente nova e moderna. Além disso, nutricionistas, médicos, educadores físicos e formadores de opinião na área da saúde costumam entrar em contradição sobre esse tema. Então, em quem devemos acreditar? Antes de prosseguir, vou fazer uma confissão: há aproximadamente sete anos, quando iniciei um programa de atividade física e estava começando meus estudos e os direcionando à área de nutrição, eu tinha uma ideia distorcida sobre alimentação saudável, e minha dieta era baseada em alimentos ricos em carboidratos simples e de baixo valor nutricional. Somente quando comecei a estudar as dietas de fisiculturistas é que compreendi a importância de ingerir fontes proteicas de alto valor biológico durante todas as refeições, e não somente no almoço e no jantar, como fazemos habitualmente (por questões culturais). Entendo que a grande maioria da população tem algum receio quanto a isso e, principalmente, não tem como objetivo atingir um condicionamento físico a ponto de participar de competições, como os fisiculturistas; porém, existem itens básicos nas dietas desses profissionais que todos nós deveríamos conhecer e seguir, independentemente de nossos objetivos pessoais, apenas pensando em saúde e bem-estar.

Afinal, um profissional de *bodybuilding* (fisiculturismo) está em busca constante por aumento de massa magra e diminuição do índice de gordura corporal, e, como esse esporte rege os parâmetros da musculação e, consequentemente, da nutrição esportiva, temos de dar atenção especial à evolução dos estudos sobre alimentos nessa área. E a principal virtude desses parâmetros que podemos adotar é a ingestão com qualidade e fracionamento de proteínas de alto valor biológico ao longo do dia.

Apesar de a tecnologia estar em constante evolução, nossos corpos ainda estão geneticamente adaptados para comermos o mesmo que nossos ancestrais caçadores comiam, ou seja, basicamente, carne, peixe, ovos, frutas, grãos e sementes. Acontece que hoje as dietas em geral são baseadas em biscoitos, pão branco, refrigerante, açúcar, ou seja, carboidratos simples, pobres em fibras. Saiba que a maioria dos nossos problemas de saúde, hoje, é resultado direto do que temos comido ou deixado de comer. Primeiramente, vamos analisar as seguintes evidências: as células que formam nosso corpo estão em constante renovação; aproximadamente 90% do nosso corpo, incluindo músculos, órgãos, ossos e dentes, é regenerado a cada ano; nossa pele se reconstitui em cerca de um mês; em apenas três meses nosso sangue é renovado e, em seis, praticamente todas as células de proteínas presentes nos músculos são substituídas.

Se o nosso corpo é constituído basicamente por água e aminoácidos, fica a pergunta: "Como iremos formar a proteína para reconstituir nossa estrutura corpórea dia a dia se a nossa alimentação for baseada em carboidratos simples?". Podemos fazer uma analogia com um automóvel: seria como encher de gasolina o tanque de combustível de uma caminhonete projetada para funcionar apenas com diesel – seria prejudicial para o motor e, certamente, logo após a ignição, ele deixaria de funcionar corretamente. Da mesma forma, precisamos nos nutrir com o combustível de que nosso organismo necessita e eliminar maus hábitos de nossas dietas e costumes, pois os benefícios são amplos e prósperos. Caso contrário, a consequência será o envelhecimento precoce, a má qualidade de vida, e estaremos mais suscetíveis a doenças, principalmente as relacionadas ao coração.

Meu objetivo é apresentar um novo conceito de dieta, bastante comum entre atletas e que, contudo, pode trazer grande benefício à saúde de qualquer indivíduo, de crianças a idosos, independentemente dos objetivos pessoais e da atividade que pratica – o foco está na saúde e no bem-estar.

INTRODUÇÃO

Dieta, palavra temida... E não é à toa. Quando pensamos ou ouvimos essa palavra, ela logo nos remete à alimentação restrita de calorias para redução de peso, tornando-se sinônimo de aflição, angústia e sofrimento. Vamos primeiramente entender seu real significado: o conceito de dieta provém do grego, que significa "modo de vida". A dieta é, portanto, um hábito individual relativo à alimentação. Dessa forma, independentemente de sua rotina alimentar, você já está fazendo uma dieta, seja ela saudável ou não; entretanto, se pensarmos em nível mais global, torna-se fácil compreender que a dieta não é determinada simplesmente por questões de gosto e desejos pessoais. Também devemos levar em conta os fatores econômicos e culturais de cada região, que, por sua vez, são influenciados pelas condições climáticas e pela disponibilidade de alimentos de cada localidade – ou mesmo pelo estilo social de cada pessoa, de sua família e dos grupos sociais nos quais convive.

Talvez você já tenha seguido alguma dieta popular que parecia surpreendente, mas que, após algumas semanas, acabou não gerando o resultado esperado ou, mesmo sendo atingido, após determinado tempo você não conseguiu mantê-lo e acabou recuperando o que arduamente tinha perdido. Destaco, como um dos principais motivos desse evento, o fato de a grande oferta de dietas restritivas que encontramos na mídia não avaliar o estilo de vida e os hábitos individuais que criamos ao longo dos anos, o que torna insustentável seguir tais dietas por médio ou longo prazo.

Mas vamos falar de outro tipo de dieta. Incontestavelmente, o alimento mais importante na vida de qualquer pessoa é o leite materno. Com o passar dos anos, nossa dependência de leite torna-

-se menor, porém existem propriedades no leite bovino, ou melhor, no soro lácteo, que devemos continuar ingerindo durante toda a nossa vida. Na verdade, não é meu intuito fazer você seguir uma nova dieta, mas sim sugerir que incremente sua dieta atual com a proteína do soro do leite, internacionalmente conhecida como Whey Protein. Ela é considerada a parte mais nobre do leite e a melhor fonte proteica que podemos consumir.

Alea jacta est[*]!

Não é de hoje que o leite ostenta esse importante título. Não raro, ele é citado na *Bíblia* em sentido ilustrativo de prosperidade e abundância, sendo um dos principais alimentos na dieta daquele período. E, diferentemente dos alimentos em evidência, ele nunca saiu de moda e, possivelmente, não está perto de perder esse lugar de destaque em nossa alimentação.

Quando falamos de proteína do soro do leite, na realidade estamos nos referindo à mistura de algumas proteínas naturalmente encontradas nesse alimento. Essa mistura é a parte mais nobre do leite, considerada superior às demais fontes proteicas normalmente encontradas em nossa dieta, como peixe, soja, carne e ovos. Por isso, é fundamental agregá-la à alimentação de qualquer indivíduo que busque um estilo de vida saudável, pois traz inúmeros benefícios para a saúde, os quais serão abordados neste livro. Acontece que os valores individuais dessa proteína encontrados naturalmente no leite não são suficientes para nos beneficiarmos de sua nobre capacidade. Sendo assim, temos de consumi-la por meio de suplementos alimentares, geralmente comercializados na forma de pó ou barras, assim como, em menor escala, nas formas líquidas ou géis. O Whey Protein poderá ser encontrado em versões concentradas e isoladas,

---

[*] Comumente traduzida como "A sorte está lançada", essa expressão, cuja autoria se atribui a Júlio César, teria sido proferida quando o imperador tomou a decisão de cruzar com suas tropas o Rio Rubicão, que delimitava a divisa entre a Gália Cisalpina e o território da Itália.

não contendo, por exemplo, algumas impurezas e o acúmulo de colesterol presente no leite, o que torna sua versão industrializada mais interessante para nossa dieta.

Percebo, em meu consultório, que alguns pacientes possuem restrições quanto a produtos industrializados; porém, uma de suas principais vantagens é a segurança alimentar, pois as indústrias possuem processos de manipulação e fiscalização muito rigorosos para, quando comprarmos um produto na gôndola do supermercado, termos a certeza de não estar levando algo contaminado para casa. A maioria das contaminações está relacionada à manipulação inadequada e à falta de fiscalização, geralmente provenientes de lugares clandestinos e irregulares. A indústria de leite e derivados é, sem dúvida, bem desenvolvida, e se destaca pela realização de pesquisas em tecnologia e processos bem-estruturados de produção. Assim, podemos ficar mais tranquilos ao consumir alimentos produzidos por indústrias confiáveis.

CAPÍTULO 1
ORIGEM DA VIDA

1.1 Proteínas

> No princípio, Deus criou os céus e a Terra. E a Terra era sem forma e vazia; e havia trevas sobre a face do abismo; e o Espírito de Deus se movia sobre a face das águas.
>
> (Gênesis 1:1-2)

Assim se inicia o primeiro livro da *Bíblia*, Gênesis, sobre a origem da vida, um tema que despertou bastante controvérsia ao longo da História. E, até os dias atuais, toda argumentação científica contrária a essa teoria não passa de uma série de suposições, sem prova real, isso pelo fato de a ciência estar relacionada à observação. Séculos de investigações, pesquisas e evolução tecnológica não foram suficientes para que conseguíssemos reproduzir, minuciosamente, em todas as suas particularidades, as condições autênticas da Terra primitiva, o que faz surgirem inúmeras teorias entre cientistas e pesquisadores, sem que consigam chegar a um consenso sobre a origem da vida e sua evolução.

Mas podemos afirmar com convicção que somos formados basicamente por água e proteína. A proteína é formada por aminoácidos, que são os nutrientes mais antigos que existem sobre a face da Terra. Eles têm desempenhado um papel crucial e determinante na existência da vida, desde os tempos das criaturas mais primitivas até o estágio presente de evolução, marcado pelo aparecimento do ser humano. Em termos quantitativos, a água representa cerca de 60% do corpo humano, e aproximadamente metade do restante consiste em aminoácidos – o que representa 50% de nosso peso seco.

Mesmo tendo os seres vivos se originado a partir do mesmo ponto de procedência, não é difícil perceber que as pessoas possuem as mais variadas características, como a voz, os olhos, as orelhas, as digitais e o DNA. São mais de 7 bilhões de pessoas no mundo e, incrivelmente, todos somos únicos conforme esses aspectos. Esse fenômeno é igualmente válido para todos que já cruzaram ou ainda irão transitar pelo nosso planeta. Isso advém do fato de todas essas características serem resultantes das interações únicas entre as moléculas que formam o nosso organismo, as quais são hereditárias, ou seja, transmitidas de pais para filhos. Dentre essas moléculas, podemos destacar, outra vez, as proteínas, que podem ser originadas de duas formas e, por isso, assumem duas classificações: a primeira representada pelas exógenas, derivadas dos elementos ingeridos por meio da alimentação – no tubo digestivo, as proteínas são digeridas e originam inúmeros aminoácidos livres, os quais são absorvidos pelo organismo e usados na síntese de proteínas específicas, ou seja, o corpo acaba formando suas próprias proteínas, tornando-as singulares; a segunda classificação leva o nome de endógenas, resultado da degradação das proteínas do nosso organismo. Nesse caso, o corpo utiliza a proteína já estabelecida nele, principalmente presente nos músculos.

As proteínas que formam os seres vivos variam de uma espécie para outra; quanto maior o parentesco entre duas criaturas diferentes, mais parecidas serão suas proteínas, em todos os aspectos. Sendo assim, os parentes mais próximos do homem, por apresentarem mais de 90% das proteínas similares às humanas, são os chimpanzés, assim como o mais próximo do cão doméstico é o lobo cinzento. A Teoria da Evolução é composta por argumentações científicas que não podem ser provadas; todavia, a teoria mais aceita sobre a nossa evolução perante a transformação alimentar diz respeito à evolução agrícola, ocorrida há aproximadamente 10 mil anos, que nos possibilitou maior quantidade e qualidade de comida disponível. Esse fator modificou nosso estilo de vida, assim como o dos animais que passamos a criar, fato que também contribuiu para transformar lobos em cães domésticos – razão para esses animais passarem a utilizar carboidrato na alimentação. Foi essa dieta rica em carboidrato simples e pobre em proteína que nos trouxe doenças ligadas ao excesso de peso, como doenças cardiovasculares, uma das principais causas de morte na atualidade.

Para compreender de maneira mais clara que as proteínas estão presentes em todas as estruturas celulares, desde a membrana até o núcleo, podemos fazer uma analogia com uma casa: nesse caso, a matéria-prima de nossos corpos seriam as proteínas, que equivalem aos tijolos de uma construção, e, certamente, não colocaríamos os de má qualidade na casa de nossos sonhos. No mesmo sentido, não devemos ingerir proteínas de baixa qualidade em nossa dieta.

As proteínas são formadas por ligações entre aminoácidos, chamadas de ligações peptídicas, sendo que a união entre dois aminoácidos forma um dipeptídeo, assim como três aminoácidos unem-se formando um tripeptídeo, e assim sucessivamente. A união de vários aminoácidos dará origem a uma cadeia denominada polipeptídica, e é nesse estágio que serão classificados como proteínas.

As proteínas são formadas por combinações de, no mínimo, 20 diferentes aminoácidos. São eles:

- **Ácido aspártico:** é uma fonte de energia de rápida atuação que age na melhoria do humor.
- **Ácido glutâmico:** atua na proteção celular contra a ação dos radicais livres.
- **Alanina:** atua na preservação da massa muscular e previne a queima da proteína muscular.

- **Arginina:** é responsável pelo aumento da fertilidade, acelera a cicatrização e aumenta o tônus muscular.
- **Asparagina:** aumenta a resistência física e fornece energia.
- **Cisteína:** inativa os radicais livres, além de proteger contra várias substâncias tóxicas.
- **Fenilalanina:** auxilia no tratamento da depressão.
- **Glicina:** aumenta os níveis plasmáticos do hormônio do crescimento.
- **Glutamina:** importante regulador do sistema imunológico.
- **Histidina:** é um agente quelante de metal pesado, essencial para o crescimento e para a defesa contra alergias e artrite reumatoide.
- **Lisina:** age no aumento de massa muscular.
- **Metionina:** atua na redução da fadiga muscular e auxilia na eliminação de gordura.
- **Prolina:** age na formação de colágeno.
- **Serina:** proporciona maior oferta energética.
- **Tirosina:** aumenta a *performance* esportiva.
- **Treonina:** melhora a resistência à fadiga.
- **Triptofano:** é calmante e ansiolítico suave.
- **Valina, leucina** e **isoleucina:** desenvolvem músculos e são energizadores.

As proteínas são formadas basicamente por carbono, hidrogênio, oxigênio e nitrogênio.

Os aminoácidos produzidos pelo nosso organismo são classificados como não essenciais; os demais, que não são sintetizados no corpo e precisam estar incluídos em quantidades bem balanceadas e adequadas em nossas dietas, classificam-se como aminoácidos essenciais (histidina, isoleucina, leucina, lisina, metionina, fenilalanina, treonina, triptofano e valina), sendo que a histidina é considerada aminoácido essencial exclusivamente para crianças; sua essencialidade para adultos ainda não foi evidenciada. As proteínas que contêm todos os aminoácidos essenciais, em boa quantidade, são chamadas de proteínas de alto valor biológico, e pertence a esse seleto grupo a proteína do soro do leite, popularmente conhecida como Whey Protein. Em comparação com as demais, ela é a que apresenta maior valor biológico, o que significa melhor e maior disponibilidade para absorção e utilização da proteína pelo nosso organismo.

As proteínas presentes em nossa dieta pela digestão e absorvidas pelo intestino têm o objetivo de fornecer aminoácidos ao nosso corpo, que terão duas finalidades principais: a primeira é o anabolismo, responsável pelo crescimento, regeneração e manutenção de tecidos e órgãos do organismo; a segunda é a produção de energia, que evita o catabolismo – ocorre quando passamos muito tempo sem nos alimentar e o organismo quebra o próprio tecido muscular para transformá-lo em energia. Sendo assim, esses aminoácidos servirão, em especial, à construção e manutenção de músculos, pele, cabelo, unha, formação de enzimas, hormônios, anticorpos e regulação de processos metabólicos.

Devido à importância das proteínas para o bom funcionamento do nosso corpo, é fundamental a preocupação com a qualidade e a quantidade proteica dos alimentos. As principais proteínas de alto valor biológico são de fonte animal, as mais cotidianas em nossa dieta: carne, ovos e laticínios; entretanto, se ingirirmos altas doses desses alimentos, na maioria das vezes, além da proteína, serão introduzidos altos níveis de gorduras saturadas e colesterol, o que não é favorável para nossa saúde. Não é raro deparar com indivíduos que apresentam, em algum grau, problema de saúde proveniente desses elementos. É nesse cenário que a indústria de alimentos se esforça continuamente para proporcionar produtos inovadores, de fontes seguras e confiáveis. Entram nesse panorama os suplementos alimentares, que, como diz o nome, não são substitutos de refeições, apenas complementam as necessidades nutricionais, basicamente com vitaminas, minerais, carboidratos, aminoácidos e proteínas, elementos essenciais para nossa dieta. Os suplementos entram como aliados para suprir o que, muitas vezes, não conseguimos apenas com os alimentos, seja por falta de tempo para uma alimentação adequada, seja pela escolha de fontes impróprias ou diversidades inadequadas.

Os suplementos alimentares não se enquadram na categoria de remédio, nem como esteroides anabolizantes, por isso, atualmente, não é necessária receita ou prescrição médica para comprá-los. Crianças, idosos e até mesmo gestantes podem adquirir os produtos. Diferentemente dos medicamentos, os suplementos alimentares são formados a partir de ingredientes presentes na nossa alimentação cotidiana, com fontes confiáveis e seguras. O Whey Protein é encontrado na forma concentrada ou isolada, com propósito específico de suplementar – sendo assim, o suplemento sozinho não substitui as principais refeições. Ele deve entrar na nossa dieta como aliado para suprir de maneira mais rápida os níveis de nutrientes que o corpo necessita repor em períodos específicos, desde quando estamos com um simples resfriado até quando passamos por uma atividade desgastante.

1.2 Whey Protein

De todas as proteínas existentes, a proteína do soro do leite, internacionalmente conhecida como Whey Protein, é a de maior qualidade disponível, e seus efeitos benéficos à saúde são mundialmente reconhecidos. O soro de leite é extremamente comum. A maioria das pessoas provavelmente está fazendo uso do Whey Protein desde a infância, pois aproximadamente

20% da proteína encontrada no leite de vaca corresponde a um valor entre 4 e 6 gramas de proteína por litro de leite. Porém, em quantidades significativas para a saúde, essa proteína só é encontrada nos suplementos alimentares desenvolvidos em laboratório, em que é extraída de maneira mais pura. Isso ocorre porque as proteínas existentes no leite bovino não são completamente potencializadas quando encontradas na condição natural. Portanto, a purificação realizada pelas indústrias tem como intenção obter a proteína potencialmente pura, formando um produto de superior e efetiva qualidade.

As proteínas do soro são extraídas da porção aquosa do leite gerada durante o processo de fabricação do queijo. Quando o leite é tratado, a caseína coagula, deixando o soro na superfície. A partir desse estágio, diversos processos determinarão a qualidade final dessa proteína. Durante o processamento do suplemento, a gordura e a lactose são filtradas e separadas para se fazer uma proteína mais concentrada, com menos carboidrato e menor teor de gordura. A pureza do Whey Protein, encontrado no comércio na forma de suplementos alimentares, varia de 35% a 95%, sendo o restante composto essencialmente de resquícios de gorduras e carboidratos. Para uma concentração maior de proteínas, são necessários processos de microfiltragem, o que demanda um custo mais elevado. Em média, para a fabricação de 1 quilo de queijo, são necessários 10 litros de leite, levando à produção de 8 a 9 litros de soro.

Os macrocomponentes do leite bovino são basicamente:

- Água (87,3%)
- Lactose (4,9%)
- Gordura (3,8%)
- Proteínas (3,3%)
- Minerais (0,7%)

A proteína é considerada o seu componente mais nobre. Os primeiros estudos científicos que realmente comprovaram seus benefícios vieram nos anos 1970, quando o Whey Protein se revelou eficaz no tratamento e na prevenção de flatulência, constipação e putrefação intestinal. Atualmente, seu elevado valor biológico o torna ilustre e dignamente associado a uma alimentação saudável e funcional, devido a seus peptídeos bioativos, que agem, sobretudo, como redutores da pressão sanguínea, reguladores e fortalecedores do sistema imunológico. Além disso, esses peptídeos trabalham de maneira dinâmica como agentes antimicrobianos, anti-hipertensivos, reguladores do cortisol, assim como estão vinculados ao impedimento do catabolismo muscular, proporcionando um corpo sadio não só para atletas, fisiculturistas e praticantes de atividade física. Qualquer pessoa fisicamente ativa que busque qualidade de vida, ou mesmo quem quer prevenir ou controlar alguma doença, deve recorrer aos benefícios atrelados a essa fonte proteica, que está associada à hipertrofia muscular, à redução da gordura corporal e ao desempenho físico, bem como à saúde de forma geral.

Existem, basicamente, três tipos de Whey Protein, e cada um reflete um grau diferente de filtragem e processamento. São eles: concentrado, isolado e hidrolisado.

1.2.1 Whey Protein na forma concentrada

Essa fase da proteína do soro do leite passa por um processamento mínimo. É feita com processos de filtração suave que criam um suplemento que varia de 35% a 80% de proteína, com o restante constituído por carboidrato e gordura.

1.2.2 Whey Protein na forma isolada

Essa fase é feita com maiores tempos de filtragem ou de tipos adicionais de processamento. Devido ao processamento adicional, muitas vezes a proteína do soro do leite isolada tem concentrações superiores a 90%, com resquícios mínimos – algumas vezes nulos – de gordura e carboidrato, o que a torna consumível até mesmo por algumas pessoas que possuem intolerância à lactose. A forma pura e isolada altera também sua velocidade de absorção, que passa a ser mais elevada do que a versão concentrada.

1.2.3 Whey Protein na forma hidrolisada

É a mais altamente processada de todas as proteínas do soro do leite e, consequentemente, a forma mais nobre encontrada atualmente. É produzida por meio de um processo de hidrólise da proteína do soro do leite, no qual há quebra das cadeias mais longas dessa proteína em fragmentos menores, chamados de peptídeos. Esse processo pré-digere a proteína, tornando-a pronta para o nosso organismo utilizar.

Ao contrário do que ocorre em outros países, no Brasil o uso de Whey Protein ainda é mais frequente para atletas e praticantes de atividade física, principalmente por conta da sua capacidade de absorção pelo organismo, que é medida pelo valor biológico que as proteínas apresentam.

Mas o que vem a ser valor biológico? É a medida da quantidade de proteínas acumuladas no organismo por grama de proteína absorvida: quanto mais alto o valor biológico da proteína, mais rapidamente e em maior percentual ela será absorvida pelo corpo.

Podemos fazer uma comparação com a proteína do ovo, a albumina, que por muitos anos foi considerada a fonte de proteína mais digerível, com porcentagem de aproveitamento pelo corpo humano acima de 90%. As taxas de aproveitamento do Whey Protein isolado, contudo, aproximam-se da faixa de 100%. Nenhuma outra proteína tem tamanha absorção e retenção pelo organismo. É por isso que vários países fazem uso dessa substância há muito tempo, pois já sentiam seus benefícios quando passavam a utilizá-la. Hoje é possível comprovar seus benefícios não somente para esportistas de alto nível, mas também para qualquer indivíduo que busque uma vida mais vigorosa.

O soro contém quase a metade dos nutrientes originais do leite e é rico em componentes, como os minerais cálcio, fósforo, sódio, potássio e magnésio; e as vitaminas B12, B1, B2, B6, A, C, D e E. As proteínas do soro são misturas complexas de numerosas moléculas. As principais são: β-lactoglobulina, α-lactalbumina, imunoglobulina e albumina de soro, que representam, aproximadamente, 2,7, 1,2, 0,65 e 0,25 g/L, respectivamente. Essas frações podem variar em tamanho, peso molecular e função, provendo às proteínas do soro características biológicas singulares. Elas evidenciaram ser promissoras e eficientes na prevenção de doenças, melhorando nossa imunidade e originando bem-estar e saúde de forma geral.

Assim, a constante evolução da indústria na extração do Whey Protein faz com que consigamos ter quantidades significativas dessas frações a partir do suplemento alimentar, enquanto que no leite de vaca essas frações são encontradas em pequenas quantidades, geralmente menos de 1%. O responsável pelos 80% restantes da proteína do leite bovino leva o nome de caseína, proteína cuja estrutura ampla e complexa leva mais tempo para ser digerida no estômago, em comparação com o Whey Protein. Isso diminui a quantidade de aminoácidos a serem liberados para o intestino delgado, onde eles são absorvidos. Essa entrada pausada e constante de aminoácidos faz com que a caseína seja uma proteína adequada para se utilizar nas ocasiões em que iremos passar por períodos prolongados sem a oportunidade de nos alimentar. Isso porque, quando o corpo passa muito tempo sem receber alimento, ele obtém a energia de que precisa por meio das proteínas do nosso próprio organismo, por exemplo, quebrando o tecido muscular – o que chamamos de catabolismo.

Esse fato ocorre com a maioria das pessoas devido à falta de tempo ou mesmo por questões culturais; entretanto, quando não realizamos uma refeição ou quando aumentamos o intervalo entre elas, além de ocorrer o catabolismo, nosso corpo começa a ser mais suscetível a estocar gordura, pois faz com que aumente a resposta de insulina, que é o hormônio responsável pelo controle de uso, armazenamento e distribuição de energia. A insulina ajuda na sensação de saciedade à medida que desacelera a digestão. Dessa forma, ela coopera do mesmo modo para impedir picos de açúcar no sangue, os quais são conhecidos por disparar mecanismos de compulsão alimentar e armazenar lipídios (gordura). Assim, "pular" refeições fará com que optemos por alimentos mais calóricos e, muitas vezes, de baixo teor nutricional nas refeições seguintes, devido ao tempo em que ficamos sem nos alimentar. O resultado é um maior armazenamento de gordura corporal. É nesse sentido que a proteína de caseína entra como nossa grande aliada, pois é uma excelente opção de lanche quando ficamos mais de três horas sem boas fontes proteicas.

É comum encontrarmos suplementos denominados *mix proteicos*, que são combinados de proteínas de rápida e lenta absorção, na maioria dos casos, o Whey Protein e a caseína micelar, formada por agregados da caseína – alpha (s1), alpha (s2), beta e kappa – denominados micelas. Nesse estágio, sua forma é mais efetiva e tem melhor absorção.

Há, na literatura, comparações entre Whey Protein e caseína, quando, na verdade, eles não devem ser comparados, e sim utilizados em conjunto e em situações distintas. Afinal, quando usamos o Whey Protein, os níveis de aminoácidos aumentam rapidamente logo após sua ingestão, porém, em poucas horas, os níveis já voltam ao normal. Ou seja, é um suplemento indicado quando nosso corpo precisa rapidamente de proteína, após exercícios, no desjejum ou mesmo em qualquer atividade desgastante do nosso dia a dia. Quando a ideia for substituir uma refeição, o Whey Protein deverá ser utilizado em conjunto com um carboidrato complexo, como um cereal integral, de modo a diminuir sua rápida absorção. É comum, nesse caso, utilizá-lo com leite desnatado, em conjunto com maltodextrina e/ou aveia, por exemplo.

Já a caseína não aumenta de forma rápida os níveis de aminoácidos para utilização do nosso organismo. Ela libera-os gradativamente, possibilitando que fiquem por até 12 horas nesse constante processo. Como já foi dito, é um suplemento ideal para ingerir quando há previsão de ficar mais de três horas sem se alimentar, por exemplo, antes de dormir ou mesmo antes de qualquer atividade em que não haverá tempo de consumir boas fontes proteicas regularmente.

1.3 Relação de proteína com força

O termo "proteína" deriva do grego *proteíos*, que significa "o mais importante", e sua relação com a força e o ganho de massa não é um assunto moderno. A mitologia grega cita Milo de Crotona como um lutador da cidade de Crotona, pequena localidade situada no sul da Itália. De acordo com sua biografia, ele teve uma carreira brilhante de luta e alcançou muitas vitórias nos mais respeitáveis festivais de atletismo da Grécia Antiga. Assim como outros atletas de sucesso da mitologia, Milo foi referenciado em contos fantásticos de bravura e força, como o conto em que se diz que ele carregou um touro em seus próprios ombros. Na literatura, ele foi referenciado por Shakespeare em

Troilo e Créssida. O responsável pela força quase sobre-humana de Milo seria sua dieta diária, que, supostamente, consistia em elevadas doses proteicas.

Trazendo o tema para o nosso contexto, pode-se dizer que, embora o percentual de brasileiros que se exercite regularmente ainda seja considerado baixo, é de conhecimento popular que a prática regular de exercícios traz diversos benefícios, entre os quais destacam-se: benefícios no sistema cardiovascular, na função respiratória, diminuição do estresse, melhora do estado de ânimo, favorecendo o equilíbrio emocional, promoção de um melhor controle metabólico. Todos esses fatores procedem em favor de uma maior produtividade, tanto no trabalho como nas atividades da vida particular, além de proporcionarem outros benefícios não menos importantes, como fortalecimento da função imunológica e maior resistência dos desportistas a infecções e a contrair doenças.

O tecido muscular representa por volta de 40% a 45% da massa corporal de um indivíduo adulto, e seu papel fundamental é o movimento. Sob a ótica metabólica, o músculo é o maior depósito de proteínas e aminoácidos livres de todo o organismo. Essas proteínas representam uma fonte de precursores para a síntese de glicose e de aminoácidos para o anabolismo proteico em outros tecidos.

Tanto o aumento quanto a diminuição das proteínas musculares são definidos pelo equilíbrio entre o anabolismo (construção e manutenção de tecidos e órgãos) e o catabolismo (quebra dos tecidos), da seguinte forma:

- **Anabolismo maior que catabolismo** = aumento de massa magra (balanço metabólico positivo).
- **Anabolismo menor que catabolismo** = perda de massa magra (balanço metabólico negativo).

- **Anabolismo igual ao catabolismo** = inalterabilidade (balanço metabólico nulo).

Ocorre em nosso organismo, diariamente, uma constante renovação de proteínas; nosso corpo as emprega, assim como fabrica outras novas, com a finalidade de reparar ou adaptar os tecidos rompidos a novas fontes de estímulos. É o caso de quando nos exercitamos, pois os ligamentos dos músculos são rompidos e o corpo precisa criar novos tecidos mais resistentes – é nessa fase que ocorre o aumento de massa muscular. Essa renovação muscular será comprometida por diferentes condições fisiológicas, como o jejum, a alimentação, a idade ou o exercício físico, e é regulada pelo sistema neuroendócrino, com o sistema imunológico participando de forma determinante pela sua influência na recuperação de processos inflamatórios. Isso ressalta a importância de ingerirmos boas fontes proteicas, caso contrário, nosso corpo não conseguirá reparar os tecidos danificados e não será capaz de criar novos tecidos com maior densidade e consistência. Além de a suplementação com Whey Protein fornecer os aminoácidos necessários de maneira rápida e dinâmica para o organismo no momento em que ele mais precisa, ela oferece outro benefício, não menos importante: melhorar a perfusão sanguínea sobre os músculos, proporcionando maior aporte de nutrientes e oxigênio e, consequentemente, maior desempenho físico e diminuição da fadiga muscular.

Quando sua utilização é associada a um programa de treinamento, especialmente de musculação, o Whey Protein auxilia o estímulo do exercício perante a musculatura, proporcionando aumento de força e massa muscular, ao mesmo tempo em que favorece a eliminação das substâncias tóxicas acumuladas durante a prática da atividade física. Assim, o processo de recuperação muscular é facilitado devido à presença de um aminoácido denominado l-arginina, que é precursor do óxido nítrico (NO). O NO é formado de nitrogênio e oxigênio, e sua produção sobrevém quando o aminoácido l-arginina é convertido para o aminoácido l-citrulina por meio de um grupo de enzimas denominadas Óxido Nítrico Sintase (NOS).

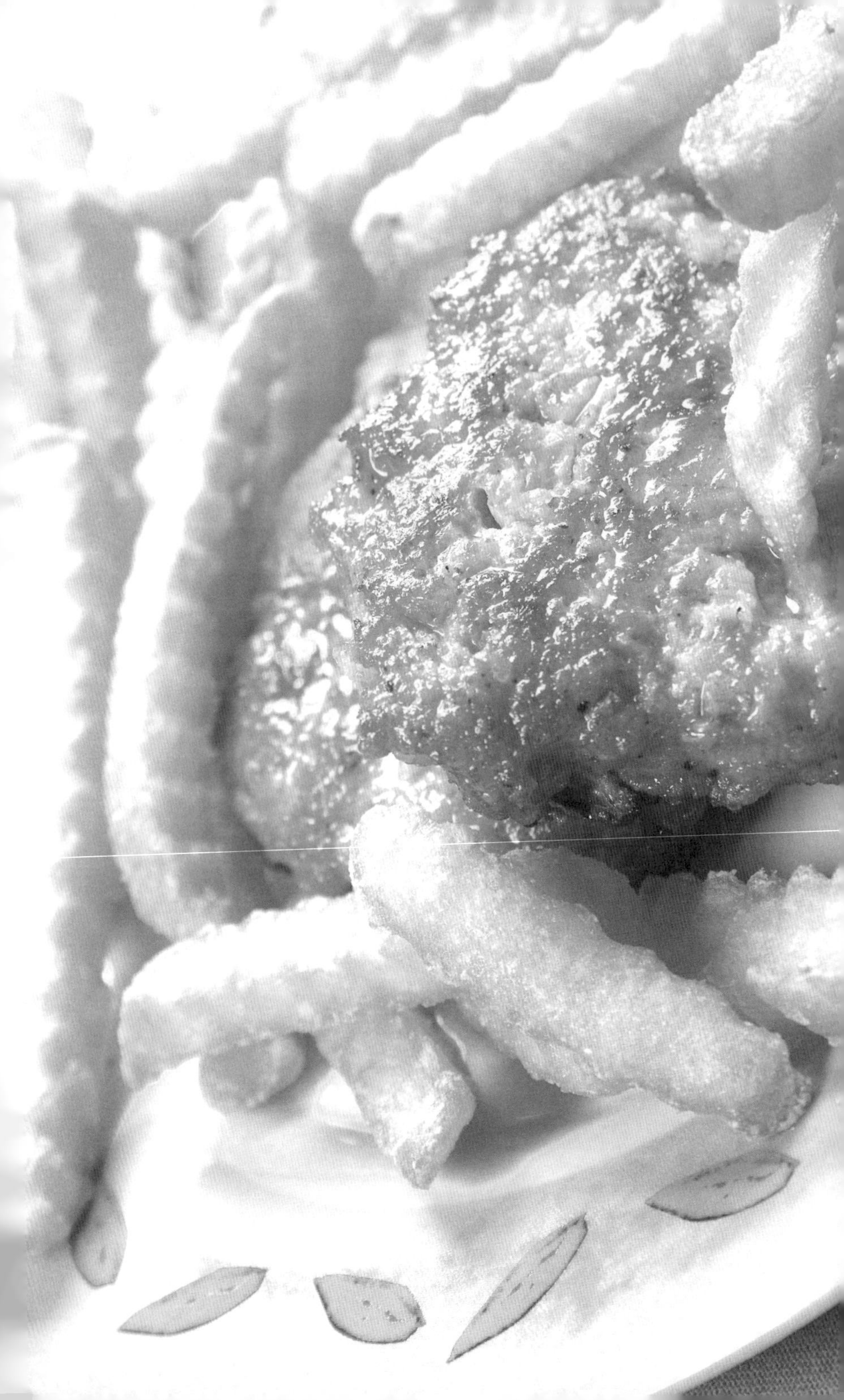

CAPÍTULO 2
INIMIGOS DA BOA FORMA

2.1 Efeito sanfona

O problema número 1 para quem está de dieta é justamente perder o que arduamente conseguiu atingir em um rigoroso e exigente regime. Quando entramos em alguma espécie de dieta, seja para redução de medidas, seja para aumento da massa magra, é comum utilizarmos apenas o número mostrado pela balança como nossa principal unidade de medida. Ficamos aflitos em visualizar se o número da balança despencou, e, quando isso ocorre, nos tranquilizamos por saber que estamos conseguindo atingir nosso objetivo de reduzir as medidas, ou de voltar a entrar naquela calça jeans antiga que parece ter diminuído e, há algum tempo, não nos serve.

Já quem deseja aumentar a massa magra normalmente se pesa com frequência para saber quantos quilos está ganhando, ou fica se observando diante do espelho para ver os músculos marcando as roupas. Entretanto, é exatamente nesse ponto que as pessoas se iludem e acabam se frustrando, pois a balança é um aparelho que mede o corpo humano como um todo. Então, o número que visualizamos quando subimos nela é a soma da quantidade de massa magra (músculos), gordura corporal, conteúdo ósseo e líquido que o corpo apresenta, quando o que nos interessa é apenas a informação sobre o aumento da massa magra e/ou a redução da quantidade de gordura corporal.

Apesar disso, a maioria das dietas restritivas em calorias faz justamente o contrário: o indivíduo perde líquido e massa magra, ganhando uma aparência pouco saudável e a ilusão de estar no caminho certo, com base no que a balança indica. Nesses casos, torna-se praticamente impossível seguir com a dieta, pois, quando engordamos, ocorrem dois fenômenos. Primeiramente, as células do nosso corpo se dividem, o que chamamos de hiperplasia. Essas células não são perdidas quando reduzimos peso de maneira rápida, mas permanecem no nosso corpo como se estivessem "murchas". Por outro lado, o organismo interpreta essa redução repentina de peso como uma ameaça e prontamente passa a reduzir o gasto calórico, de modo a "encher" novamente essas células para recuperar o que está sendo perdido. Assim, o metabolismo torna-se mais lento. É uma forma de preservação para que o peso perdido possa retornar ou aumentar, e, nesse estágio, o corpo retém mais líquido e gordura. É assim que ocorre o famoso "efeito sanfona".

Metabolismo, palavra muito utilizada quando o assunto é queima de gordura, é o conjunto de transformações que os nutrientes e outras substâncias químicas sofrem no interior do nosso corpo. Em outras palavras, é a geração de energia, por meio da queima de calorias, para a sobrevivência do corpo.

Naturalmente, acompanhamos a variação dos quatro componentes corporais (músculo, gordura, ossos e líquido) pelos números apresentados pela balança, e, nesse caso, não sabemos quanto pesa cada componente de maneira individual e acabamos nos iludindo em determinadas situações. É comum encontrarmos adolescentes ou crianças em fase de crescimento desenvolvendo a estrutura óssea e se frustrando com o número apresentado pela balança, por terem aumentado poucos quilos. Para os indivíduos que praticam algum tipo de esporte, quando ocorre o aumento de massa magra, o número da balança irá subir, e isso não significa que o indivíduo tenha engordado, pois não adquiriu gordura, apenas músculos. Nesses casos, faz-se necessário um acompanhamento específico para averiguar apenas a gordura corporal. O mais utilizado é o teste por dobras cutâneas, em que é utilizado um equipamento chamado adipômetro, uma espécie de pinça usada para medir as dobras de alguns pontos do corpo, como tríceps, tórax, abdômen e coxa, assinalados pelo dedo indicador e polegar de quem está aferindo. Os valores são inseridos em fórmulas para que seja obtido o percentual de gordura corporal, ou por bioimpedância elétrica, que é realizada pela passagem de um fluxo elétrico pelo organismo por meio de eletrodos – essa corrente tem maior facilidade em se propagar nos líquidos e sofre resistência nas gorduras. O mais comum é utilizar uma balança específica que possui eletrodos na base dos pés e no suporte das mãos. Os valores informados pelo aparelho são processados por um *software*, que vai usá-los para efetuar o cálculo e, normalmente, gerar gráficos de avaliação.

Nosso organismo tende a manter o peso rotineiro, e, muitas vezes, passamos anos acima do peso. É preciso manter o novo peso por um tempo relevante para que o cérebro se adapte a esse novo valor. É por isso que, inicialmente, perde-se peso com mais facilidade e, depois de um tempo, o peso parece estagnar. Esse evento é denominado "efeito platô", em que o corpo tenta retomar o peso anterior para maior comodidade, e temos a impressão de que a balança emperrou. Nessa fase, a luta se torna mais acirrada, porém dura até o corpo se habituar ao novo peso. A estratégia nessa hora é fazer coisas diferentes para ludibriar o organismo, desde alterar o treino e os alimentos da dieta até mudar a própria rotina de horários; o que não podemos é desistir, há que ter paciência e persistência.

Muitos pacientes relatam que não se importam por estar um pouco acima do peso, e, quando é esse o caso, eu concordo e apoio, pois a questão estética é muito singular e não devemos nos basear em um padrão de beleza específico. Porém, o que levo em consideração são os riscos significativos para a saúde se não dermos o valor devido aos alimentos que compõem a nossa dieta. Alguns níveis de obesidade são classificados como doença e, em estágios avançados, podem levar a patologias mais graves, como diabetes, hipertensão, artrose, distúrbios psicológicos e doenças cardiovasculares. Deverá partir de cada um a percepção de que não se alimentar de maneira consciente é um problema sério, que deve ser tratado de forma equilibrada e perspicaz, respeitando-se o corpo e suas necessidades.

Além dos fatores desanimadores e estéticos, o efeito sanfona traz também alguns casos sérios de riscos à saúde, como enfraquecimento do sistema imunológico, hipertensão, colesterol elevado e outras dislipidemias – a presença de gordura no sangue. Para sair do efeito sanfona, é importante deixar as dietas com restrições calóricas de lado e manter uma alimentação equilibrada para o resto da vida, transformando bons costumes em hábitos. As vantagens são inúmeras e certamente prazerosas. O importante é manter o abastecimento adequado de nutrientes nas células para que desempenhem suas atribuições corretamente e de maneira equilibrada.

O maior receio de quem não quer seguir uma dieta equilibrada está relacionado à questão do tempo. O ideal, em média, é perder 500 g do nosso peso semanalmente, salvo infrequentes exceções. Uma dieta que proponha uma perda mais elevada que essa possivelmente fará com que se perca líquido e massa magra, gerando como efeito um visual pouco saudável e grande dificuldade de manter o peso. Uma dieta rica em proteínas, principalmente utilizando Whey Protein, fará justamente o contrário: o corpo irá manter a musculatura e o sistema imunológico saudáveis, auxiliando exclusivamente na diminuição de gordura corporal, ao mesmo tempo em que favorecerá nosso organismo no combate a infecções e doenças.

Pouco percebidos, e de grande importância para a longevidade, são justamente os problemas ocasionados pela diminuição da massa muscular, que geram, sem dúvida, muitas complicações para nossa saúde. Além da relação com uma dieta pobre em nutrientes, esses problemas estão associados, especialmente, à inatividade física. É importante lembrar que a manutenção ou o ganho de massa muscular, sobretudo em pessoas idosas, colabora para o fortalecimento da saúde. Exercícios físicos, especificamente os de resistência com peso (musculação), são de extrema importância para impedir a atrofia e favorecer o processo de hipertrofia muscular, melhorando a qualidade de vida de quem os pratica de forma consciente. Além disso, a nutrição exerce papel fundamental nesse processo. Pessoas fisicamente ativas e atletas necessitam de maior quantidade proteica que a estipulada para indivíduos sedentários.

A ingestão de proteínas ou aminoácidos após exercícios físicos favorece a recuperação e a síntese proteica muscular. E sabe-se que, quanto menor o espaço entre o término do exercício e a ingestão proteica pelo organismo, melhor será a resposta anabólica ao exercício. Esse período, chamado de "janela da oportunidade", corresponde a horários em que o nosso corpo está mais suscetível a receber o nutriente, e o pós-exercício é um desses momentos. Nesse caso, é interessante optar por fontes proteicas de rápida absorção, como o Whey Protein.

2.2 Redução de gordura corporal

Especialmente em países do Primeiro Mundo, a incidência de sobrepeso e obesidade vem crescendo em dimensões epidêmicas, todavia esse é um fato observado nos quatro cantos do mundo. É comum ver matérias sobre o aumento de peso da população de maneira generalizada. A obesidade é caracterizada pelo acúmulo excessivo de gordura corporal, relativamente associada com prejuízos à saúde de quem não lhe dá o valor devido e não realiza os acompanhamentos necessários desde sua manifestação inicial.

A redução de peso corporal em indivíduos com sobrepeso ou obesidade está associada com a diminuição de risco e o domínio de algumas doenças, como o diabetes do tipo II e, principalmente, as doenças cardíacas. Perante essas evidências, é habitual que indivíduos apresentando sobrepeso ou obesidade procurem um profissional da saúde para que sejam submetidos a algum método ou recurso para perda de gordura corporal. A intenção desse procedimento é restringir as probabilidades de mortalidade precoce e barrar ou controlar as doenças relacionadas ao excesso de gordura corporal.

Entretanto, precisamos tomar alguns cuidados. A principal estratégia de emagrecimento utilizada nesses casos é justamente a restrição calórica, na qual o paciente, muitas vezes, procura "pular" algumas refeições ao longo do dia com o objetivo de acelerar o processo. Essa restrição energética geralmente tem destaque nos programas de emagrecimento, por proporcionar maior redução de peso em um reduzido período de tempo, e geralmente é empregada como única estratégia. Mas, na maioria dos casos, a redução de peso e gordura corporal obtida por meio da restrição calórica é acompanhada pela diminuição de músculos e líquidos, o que não é benéfico nem vantajoso.

Atualmente, evidencia-se que dietas com inclusão de maior proporção de proteína de alto valor biológico, quando comparadas àquelas com menos proteína e de menor valor calórico, promovem maior perda de peso por redução de gordura corporal e diminuem a perda de massa magra durante o período de emagrecimento. Afinal, a restrição calórica tipicamente recomendada para redução de peso caracteriza-se por ter grande quantidade de carboidratos, restrita quantidade de gordura e pequena quantidade de proteína, o que significa, na média, em termos percentuais, 15% de proteína, 55% de carboidrato e 30% ou menos de gordura. No entanto, a proporção ideal dos macronutrientes em dietas de emagrecimento, atualmente, é bastante controversa entre profissionais da saúde.

Particularmente, evidencio que as dietas com maior proporção de proteína e menor ingestão de carboidratos simples promovem maior perda de peso, maior redução de gordura corporal e menor perda de massa magra, quando comparadas às dietas convencionais. Nessas dietas, a proporção de proteína recomendada é de, aproximadamente, dois gramas por quilo corporal, número que pode subir para até quatro gramas. Tudo depende do objetivo e da atividade física desempenhada pelo indivíduo – em termos percentuais, varia de 20% a 45% do valor energético total, e, nesse caso, faz-se indispensável o acompanhamento por um profissional especializado e com experiência na área.

O excesso de gordura corporal – considerado um problema de saúde – e a insuficiência de musculatura diminuem o potencial do corpo para queimar as reservas de gordura disponíveis, devido a uma taxa de metabolismo desacelerada originária do sedentarismo ou, da mesma forma, relacionada com o avanço da idade. Entre atletas e pessoas fisicamente ativas, é natural e bastante habitual que busquem, fixamente, conservar um baixo percentual de gordura corporal, mesmo em períodos denominados "*off-season*" – que seriam fora de competições –, pois isso está associado ao desempenho físico ou mesmo à estética. Nesse caso, a proteína pode ser uma grande companheira, principalmente a Whey Protein, por apresentar altas concentrações de aminoácidos de cadeia ramificada (BCAA). Os tecidos musculares são formados por duas proteínas principais: actina e miosina. Os mais relevantes constituintes dessas duas proteínas são a leucina, a isoleucina e a valina, aminoácidos de cadeia ramificada (BCAA), que se revelam extraordinários devido ao fato de suas estruturas moleculares formarem, aproximadamente, um terço das proteínas do tecido muscular. Juntos, esses três aminoácidos representam 35% dos aminoácidos essenciais contidos nas proteínas. Além de sua utilização auxiliar na conservação e manutenção do tecido muscular, os aminoácidos poderão também ser convertidos em outros aminoácidos quando surgem deficiências. Aqui podemos fazer uma analogia com as letras do alfabeto: assim como unidas as letras formam qualquer palavra, esses três aminoácidos transformam-se em qualquer outro quando o corpo tem necessidade. Basicamente, aminoácidos são pequenas unidades que compõem as proteínas. Vários aminoácidos estão ligados entre si, em sequências distintas, para compensar proteínas diferentes. Além de servirem como construtores de proteínas, os aminoácidos desempenham funções essenciais para a atividade das reações bioquímicas no corpo.

Esses aminoácidos encontrados no Whey Protein tornam-se úteis novamente em algumas outras circunstâncias específicas, como no prolongamento da resistência, impedindo a fadiga e diminuindo os sintomas comuns de *overtraining* (excesso de treinamento) – falta de apetite, queda de *performance* e depressão –, pois têm a função de impedir a produção de ácido láctico, uma substância que causa a fadiga. Quando praticamos exercício, há acréscimo do nível de ácido láctico no sangue, o pH nos músculos diminui, causando dificuldade na contração. Esses três aminoácidos inibem a elevação do nível desse ácido, mesmo durante a prática de exercícios vigorosos e intensos. Sua utilização, que poderá se dar antes e após exercícios de qualquer modalidade, melhora consideravelmente as respostas fisiológicas e psicológicas ao treinamento. Além do BCAA presente no soro do leite, é comum encontrarmos produtos fortificados com esses três aminoácidos, devido a sua importância para nosso organismo.

CAPÍTULO 3
SAÚDE BLINDADA

3.1 Cartilagem

Grande parte da população já passou ou irá passar por algum problema relacionado ao desgaste da cartilagem, seja pelas atividades habituais do dia a dia, seja pela prática de alguma atividade física regular. Quando o assunto se refere ao estresse causado em ligamentos e tendões, naturalmente todos estão incluídos, e, quando não tomamos as atitudes válidas para minimizar esse episódio, os sintomas iniciais são dor e desconforto. Essa questão também é fortemente vinculada à idade e à nutrição inadequada, fatores que agravam os problemas com articulações, principalmente em ombros, cotovelos e joelhos, em que o uso dos ligamentos é mais corriqueiro. A utilização de Whey Protein proporciona uma concentração superior de reserva de glutamina, que resulta em articulações resistentes e saudáveis por meio da lubrificação e da restauração dos tecidos de conectividade.

A glutamina é um dos mais fartos aminoácidos no organismo. Não é considerada um aminoácido essencial porque o corpo pode fabricá-la em certa proporção, com base em outros aminoácidos.

A glutamina está presente em maior abundância nos músculos, e o restante é encontrado nos pulmões, local em que também é produzida. Potencialmente, a atuação mais importante da glutamina é no sistema imunológico, uma vez que ela serve para prevenir doenças, promover agilidade na recuperação e melhorar a maneira como o organismo funciona. A glutamina desempenha também um papel na síntese de DNA e como uma fonte alternativa de combustível para o cérebro, além de ajudar a prevenir as reações catabólicas que ocorrem no corpo (que tendem a quebrar o tecido muscular) quando o cortisol está presente. Cortisol é um hormônio ligado ao sistema emocional, naturalmente criado no corpo, que deve ser controlado. De regra, é liberado quando nos encontramos em estresse físico ou mental, o que é muito comum nos dias atuais, causando a diminuição da testosterona e, consequentemente, perda de massa muscular.

Devido às diferentes funções que a glutamina desempenha no corpo humano, ela é um aminoácido usado com várias finalidades, tanto por indivíduos saudáveis como por aqueles que se encontram sob alguma enfermidade, aos cuidados de um profissional de saúde, e para os quais se percebe a sua importância na dieta. Podemos notar que a glutamina é fortemente utilizada pelo organismo quando há uma lesão, uma vez que ela tende a acelerar o processo de cicatrização e cura. Vítimas de queimaduras são, geralmente, tratadas com doses elevadas de glutamina. Além disso, indivíduos que sofrem de câncer apresentam, na maioria das vezes, níveis muito baixos de glutamina em seu sistema, o que a torna uma boa opção a ser adicionada ao seu programa de tratamento. Em hospitais, a glutamina é empregada de maneira constante quando o paciente está passando por quimioterapia – e que se encontra em alto risco durante o tratamento –, pois auxilia na proteção dos revestimentos dos intestinos delgado e grosso.

Além disso, manter o funcionamento ideal do corpo, quando exposto a atividades ou estresse desgastante, só será possível com a administração dos níveis de glutamina, o que ajuda a evitar os efeitos negativos aos quais se submete o organismo em momentos desgastantes.

Enfim, sua utilização é primordial para atletas ou para indivíduos que se envolvem intensamente com seus programas de exercício e treinamento. Entretanto, por inúmeras razões, a maioria das pessoas faz uso desse aminoácido unicamente a partir de sua dieta diária, sem a utilização de suplementação, mas normalmente trata-se de quantidades insuficientes. As melhores fontes de glutamina na dieta humana incluem carne bovina, carne de porco, frango, leite, iogurte, queijo *cottage*, espinafre cru, salsinha e couve. Mesmo aqueles que ingerem uma dieta mista podem não consumir uma quantidade satisfatória de glutamina para atender às suas necessidades diárias, especialmente aqueles que estão se exercitando intensamente ou que não conseguem se alimentar de maneira adequada. Utilizar um suplemento como o Whey Protein torna-se, então, uma sábia escolha.

3.2 Sistema imunológico

De modo geral, o sistema imunológico é formado por uma rede de células e moléculas espalhadas por todo o organismo e se distingue pela habilidade de reconhecer especificamente determinadas estruturas moleculares anormais e desenvolver, prontamente, uma resposta perante esses estímulos, provocando a sua destruição ou inativação. Em outras palavras, representa um sistema eficaz de defesa contra micro-organismos que entram no nosso corpo ou contra a transformação maligna de células. Essa função de defesa do sistema imunológico é essencial contra o desenvolvimento de infecções e tumores, e se fundamenta na ativação das células efetoras e na produção de anticorpos.

A realização de exercícios de intensidade moderada pode estimular a eficiência do sistema imunológico, enquanto o estresse gerado pelo treinamento de alta intensidade dos atletas de alto nível pode afetar a sua aplicabilidade. Tanto para praticantes de atividade física moderada ou intensa como para qualquer outra pessoa que busque um sistema imunológico forte e resistente, é possível obter esse benefício com o emprego do Whey Protein, pois ele aumentará a proteção das células, tornando o organismo mais competente e eficaz no combate às infecções. Esses benefícios são atribuídos aos aminoácidos presentes no soro do leite, que, como já destacamos, garantem que o sistema imune permaneça sadio e vigoroso, favorecendo o combate às infecções e doenças. Por isso, os aminoácidos são muito utilizados no meio médico não somente para prevenção e/ou tratamento das deficiências imunológicas, mas também de doenças inflamatórias e intestinais, no tratamento radioterápico, em transplantes de medula óssea e na transição de nutrição parenteral para nutrição enteral e oral.

CAPÍTULO 4
INFORMAÇÕES TÉCNICAS

4.1 Aprendendo sobre rótulos

Existem muitos suplementos importados comercializados no Brasil, porém alguns países da América do Norte, Europa e Ásia utilizam esses produtos com maior frequência e há mais tempo em comparação com nosso país, de modo que sua tecnologia está relativamente mais avançada nesses mercados. No entanto, não podemos nos fundamentar pelas normas e regras existentes em outros países quando o assunto é suplemento alimentar. No Brasil, a Agência Nacional de Vigilância Sanitária (Anvisa), além de ser o órgão responsável por constituir normas e regular o mercado interno de suplementação alimentar, é também responsável pela normatização da rotulagem, estabelecendo as informações técnicas que um rótulo deve conter. Assim, é importante pesquisar e se atualizar sobre novos produtos no mercado, verificar se possuem ou não registro nacional – que indica garantia de qualidade do produto para a saúde do usuário.

Antes de adquirir qualquer produto, é indispensável aprender a ler o rótulo para que se compreenda um pouco mais sobre o que se está comprando. Isso vale tanto para suplementos como para qualquer outro produto disponível no extenso mercado alimentar. Visualizar e traduzir as informações nutricionais contidas nos rótulos é a forma mais simples e eficaz de o consumidor final comparar um alimento com outro e fazer a escolha mais alinhada com o seu objetivo, afinal, eles contêm dados essenciais para a comunicação entre produtos e consumidores. Dessa maneira, é indispensável que as informações estejam expostas de forma clara e precisa, de modo que possam ser utilizadas por qualquer pessoa como aliadas para orientar a escolha adequada antes da compra.

Primeiro, é preciso saber que a tabela nutricional contida nos rótulos é baseada em uma média de consumo calórico para a população brasileira adulta saudável, estipulada em 2.000 kcal – média utilizada como referência para os valores diários. Isso não significa que todos devem utilizar 2.000 kcal/dia, pois os valores diários podem ser maiores ou menores, dependendo das necessidades energéticas de cada pessoa.

Conhecendo sua necessidade energética diária, o primeiro ponto que se deve observar com cautela nos rótulos é a lista de ingredientes de qualquer produto. Da farmácia ao supermercado, vale a regra de que o primeiro ingrediente é o mais presente, aquele que tem a maior proporção em peso. Dessa forma, pode-se descobrir que alguns alimentos não são aquilo que pensávamos. É comum, por exemplo, comprar chocolate em que o cacau não consta da lista de ingredientes, ou sucos cuja fruta mencionada como sabor está no fim da lista ou nem mesmo consta como ingrediente. O mesmo vale para suplementos alimentares: a parte mais nobre dos suplementos costuma ser o Whey Protein, então ele precisa estar em um lugar de destaque na lista dos ingredientes. Em suplementos mais baratos, é normal encontrar carboidratos, como dextrose ou maltodextrina, que seria o amido de milho, ou seja, ingredientes de baixo valor financeiro em relação às proteínas.

O segundo ponto a que devemos ter grande atenção é referente à dose mencionada na tabela nutricional. É comum encontrar, por exemplo, pacotes de biscoitos muito calóricos que informam justamente o contrário: a tabela nutricional indica as calorias presentes na dose de apenas um biscoito, iludindo quem compra o produto. O mesmo vale para as gorduras trans, cuja dose mencionada na tabela passa a ser tão pequena que a presença da gordura não é indicada. Nos suplementos alimentares, especificamente no Whey Protein, as doses variam de 20 g a 50 g, por isso não adianta verificar apenas quantos gramas de proteína existem por dose para realizar a comparação entre duas marcas, mas sim equiparar suas doses analisando proporcionalmente a quantidade.

Existem algumas palavras destacadas nos rótulos dos alimentos que, muitas vezes, em vez de servirem de ajuda, fazem o contrário: confundem a cabeça dos consumidores. É o caso da distinção entre *diet* e *light*. *Diet* significa restrição total de algum ingrediente, na maioria das vezes, açúcar – e também pode se referir à restrição de sódio, gordura ou outro nutriente, não significando redução calórica –, enquanto versões *light* referem-se a reduções parciais, de, no mínimo, 25%, de algum componente, geralmente gordura, açúcar ou sódio. Nos suplementos de Whey Protein, é comum encontrar a expressão "100% Whey Protein" estampada no rótulo, levando o consumidor a pensar que se trata de um produto puro de proteína. Na verdade, significa que, entre as proteínas do produto, todas são referentes ao Whey Protein, mas ele contém carboidratos e lipídios como os demais produtos, nas formas concentradas ou isoladas.

Não é raro encontrar suplementos, como o Whey Protein, fortificados ou enriquecidos com vitaminas e minerais, em barras, como *mix* ou pós-proteicos, e não é à toa que isso ocorre: muitas vitaminas e muitos minerais são considerados nutrientes essenciais. Isso significa que nosso corpo não é capaz de produzi-los, então, eles precisam ser obtidos por meio dos alimentos que comemos ou via suplementação. Seguiremos explicando sobre as principais vitaminas e os principais minerais que você encontrará nos rótulos de suplementos.

4.2 Nutrientes presentes no soro do leite

4.2.1 Minerais

Os sais minerais são substâncias inorgânicas, ou seja, substâncias que não são produzidas pelo nosso organismo e, em vista disso, devem ser obtidos por meio da nossa dieta, respeitando-se as quantidades necessárias de acordo com nosso gasto energético. Eles têm importante desempenho para o adequado funcionamento do nosso organismo. Quando realizamos alguma atividade física, e também quando submetemos o corpo a temperaturas elevadas, acabamos suando, e, nessa reação, não liberamos exclusivamente água, perdemos igualmente minerais, os quais precisam ser repostos, já que são indispensáveis para a saúde. Quando o exercício se tornar intenso e prolongado e a perda desses minerais se mostrar elevada, eles não serão repostos apenas por ingestão de água, como habitualmente fazemos, mas sim com uma suplementação alimentar adequada.

Os minerais, assim como outros nutrientes, fazem parte de uma alimentação balanceada e equilibrada, pois fornecem o apoio necessário para diferentes funções metabólicas importantes do nosso corpo, entre as quais podemos destacar: o desenvolvimento celular, a melhora da disposição aeróbica, a conversão dos alimentos como fonte de energia, a conservação de um sistema imune e resistente, o suporte para os movimentos de contração muscular, o aumento da síntese proteica, a prevenção de câimbras e a melhora do metabolismo. Além disso, muitos deles estão envolvidos no processo de crescimento e desenvolvimento anatômico. Como elemento importante dos alimentos, os minerais participam no sabor e intensificam ou impedem a ação de enzimas, além de agir em outras reações vinculadas à textura dos alimentos.

Geralmente, o Whey Protein é fortificado com minerais, e, por vezes, os contém naturalmente. A seguir, veremos os principais minerais encontrados no Whey Protein.

Cálcio

As dietas com ingestão diária de cálcio, principalmente vinculadas à idade, envolvem muitas contestações, mas seu benefício para a saúde vai além da sua atuação na construção e manutenção dos ossos, como normalmente indicam as pesquisas na literatura. Ainda assim, todas as pesquisas são aliadas quando referem o cálcio como um nutriente essencial para o suporte estrutural do esqueleto, além de necessário para as funções biológicas, como contração muscular, divisão celular, coagulação sanguínea e transmissão do impulso nervoso. Ademais, tem se mostrado eficaz na prevenção de doenças, como hipertensão arterial e obesidade, assim como da osteoporose. Ou seja, o cálcio desempenha um papel extraordinário para o correto funcionamento do organismo.

Em termos percentuais, cerca de 99% do cálcio presente em nosso corpo é parte integrante dos dentes e de nossa estrutura óssea. No entanto, o 1% restante, embora pareça insuficiente, é essencial para nossa vida e para a saúde do organismo como um todo. Caso contrário, funções básicas passariam a não funcionar, os músculos não conseguiriam se contrair corretamente, o sangue não coagularia e os nervos não transmitiriam mensagens entre si. A ingestão adequada de cálcio até a fase adulta mostra-se essencial para a construção de um tecido ósseo mais denso e forte, reduzindo o risco de doenças. Já na fase adulta, é natural iniciar-se o declínio da resistência dos tecidos ósseos, com uma perda gradativa de massa óssea com o passar dos anos; por isso, a ingestão de cálcio é recomendada em todos os períodos da vida.

É preciso destacar que esse empobrecimento natural se intensifica de maneira acelerada quando associado a maus hábitos alimentares e vida sedentária, pois a prática de exercícios físicos, do mesmo modo que favorece a musculatura, protege toda a nossa estrutura esquelética. Assim, após a fase adulta, a cada ano, os ossos vão se tornando mais frágeis e porosos, e, portanto, mais suscetíveis a quebras. É justamente quando se encontram nesse estágio tardio que são diagnosticadas as doenças correlacionadas – pois os sintomas não são aparentes desde o princípio –, e, então, devem ser redobrados os cuidados necessários para manter, nutrir e conservar os ossos.

As maiores vítimas do enfraquecimento ósseo são as mulheres, pois na menopausa há uma queda expressiva na produção de estrógeno – uma família de hormônios femininos que tem como um de seus papéis ativar as células que produzem o tecido ósseo. Nesse período, torna-se essencial o foco numa alimentação rica em cálcio para, além de auxiliar na redução da perda óssea, contribuir para repor parcialmente o índice natural de perda.

As proteínas do soro do leite bovino são ricas em cálcio – são encontrados aproximadamente 700 mg de cálcio para cada 100 g de Whey Protein – e esse mineral é o mais abundante no nosso corpo, desempenhando importantes funções no alívio da insônia, na diminuição do risco de fraturas ósseas, no sistema nervoso, na manutenção de peso, na diminuição do risco de câncer de cólon, além de manter ossos e dentes saudáveis e fortes. É preciso criar como hábito o consumo diário de cálcio, já que, quando há uma queda nos "estoques", principalmente por deficiência nutricional, ocorrem possíveis patologias ósseas e torna-se impossível realizar a reposição desse mineral, enquanto o consumo em estágio inicial irá evitar e, possivelmente, conter um avanço do quadro.

Fósforo
Da mesma forma que o cálcio, e em conjunto com ele, a maior parte do fósforo presente no corpo humano está localizada

na estrutura óssea, correspondendo em número percentual a, aproximadamente, 90% do estoque. Os 10% restantes estão localizados nos demais tecidos do organismo e sua função no corpo é fundamental para a estrutura celular. O fósforo participa ativamente de atividades enzimáticas e, nas células, atua como promotor de energia por meio da formação de ATP (molécula que o organismo gera como formação de energia). Sem o fósforo não seria possível promover reservas energéticas.

Geralmente, indivíduos que apresentam carência desse mineral têm alimentação restritiva ou disfunções gástricas e intestinais. Atrelados à deficiência desse mineral, podem vir sintomas como: redução dos reflexos, formigamento nas extremidades, fraqueza e déficit de atenção. Entretanto, em alguns casos, os sintomas não são perceptíveis. A ingestão diária recomendada (IDR) é de 800 mg de fósforo por dia, o que corresponde, em média, ao valor encontrado em 100 g de Whey Protein.

Magnésio

Responsável por regular a absorção de outros minerais, quando combinado ao seu uso, o magnésio apresenta uma nobre função para o corpo humano. Entre os seus papéis, podemos destacar: colaboração no funcionamento e na regulação da contração muscular, equilíbrio dos elementos sanguíneos, formação de dentes e ossos, auxílio na transmissão de impulsos nervosos e na produção de energia celular. Apenas 40% do que se ingere desse mineral é absorvido pelo nosso organismo, sendo que a absorção é favorecida pela presença de proteínas e vitamina D. Em contrapartida, o excesso de cálcio ou de fósforo em uma mesma refeição prejudica a absorção de magnésio. Sendo assim, a indústria de suplementos fortifica seus produtos com minerais em formatos que auxiliam a absorção, proporcionando menores perdas do nutriente pelo organismo. Uma quantidade de 200 g de Whey Protein tem aproximadamente 300 mg de magnésio, o que corresponde à necessidade de ingestão diária recomendada (IDR). Essa recomendação diária aumenta quando há prática de atividade física, pois as reservas de magnésio são utilizadas em menor tempo por pessoas fisicamente ativas. Nesse caso, é recomendado aumentar o consumo para usufruir de seus benefícios, assim como para evitar os sintomas negativos relacionados à sua deficiência. Podemos destacar dois principais benefícios da sua utilização para praticantes de atividade física: a sua relação com o ganho de massa muscular e energia e a proteção contra câimbras, algo bastante comum entre praticantes de atividade física.

O magnésio age em conjunto com o cálcio para garantir que a musculatura funcione adequadamente; enquanto o cálcio estimula a contração muscular, o magnésio relaxa a musculatura e as articulações. Além disso, sua ingestão adequada permite o funcionamento eficaz do cérebro, ajudando-o a desempenhar as suas funções normalmente. Em contrapartida, sua falta está fortemente relacionada com inapetência, náusea, vômito, sonolência, fraqueza, espasmos musculares e tremores.

Potássio
Ao contrário do que ocorre com o magnésio, a captação do potássio pelo nosso organismo é admiravelmente elevada, possuindo uma taxa de absorção de 90%, em média, do que consumimos. Suas principais atribuições são relacionadas ao relaxamento muscular, à secreção de insulina pelo pâncreas e à conservação da estabilidade do pH corporal. A falta de potássio pode causar problemas de ritmo cardíaco, fraqueza muscular e, assim como no caso do magnésio, câimbras, tão comuns em atividades de *endurance* (atividades aeróbicas de longa duração).

O potássio atua no corpo em equilíbrio com o sódio, por isso, quando existem altas taxas de sódio no organismo, é necessário compensar com um aumento de potássio, de modo a manter o equilíbrio existente entre os dois minerais em todos os líquidos do corpo. A necessidade de aumentar seu consumo também se dá em casos de vômito e diarreia. Em termos de comparação, 100 g de Whey Protein possuem, aproximadamente, 2.000 mg de potássio, o que corresponde à metade da necessidade de ingestão diária recomendada (IDR).

Sódio

O sódio trabalha em várias funções do corpo, entre as quais podemos destacar: equilíbrio ácido-base, equilíbrio de água no organismo, contração muscular e impulsos nervosos, o que o torna indispensável para a saúde. Apesar disso, ele é visto quase sempre como vilão, o que se explica pelo fato de muitos alimentos possuírem sódio em excesso. Um único alimento pode conter o correspondente à necessidade diária, que é de 2,3 g por dia, e sua deficiência é raramente observada. Seu consumo em excesso causa a retenção de líquidos e aumenta a pressão sanguínea, o que não é benéfico para nossa saúde, principalmente para quem tem hipertensão, pois sobrecarrega o coração.

A maneira mais fácil e prática de não exagerar nesse nutriente é comparar a quantidade de sódio por meio das tabelas nutricionais expostas nos rótulos dos alimentos.

4.3 Vitaminas

As vitaminas são necessárias em processos metabólicos, que são as reações químicas que ocorrem no interior do nosso corpo. Assim, tornam-se fundamentais para o funcionamento normal do organismo. Podemos classificá-las em dois grupos distintos, definidos pelos materiais com os quais se dissolvem: as hidrossolúveis, que contemplam a vitamina C e o complexo B, e as lipossolúveis, representadas pelas vitaminas A, D, E e K. As lipossolúveis são depositadas nos tecidos do organismo, enquanto as hidrossolúveis não podem ser armazenadas em níveis consideráveis e, portanto, precisam ser repostas continuamente em quantidades adequadas e satisfatórias pela dieta alimentar. Os alimentos da nossa dieta nos fornecem energia e trabalham na formação de novos tecidos por meio de reações químicas, o que não seria possível sem a presença das vitaminas. Quando apresentamos carência de vitaminas, nosso corpo não consegue exercer essas funções regularmente, o que causa doenças.

 A palavra "vitamina" provém do latim, e suas quatro primeiras letras, *vita*, significam, precisamente, vida, justamente porque sem as vitaminas a vida não existiria. As vitaminas são utilizadas diariamente, por isso precisamos repô-las, pois a carência contínua (denominada avitaminose) poderá causar problemas graves de saúde. O excesso (hipervitaminose), por sua vez, também não é recomendado, pois poderá intoxicar nosso organismo, e geralmente tal excesso é proveniente de vitaminas lipossolúveis (solúveis em gordura), por ficarem retidas no nosso corpo; em contrapartida, as hidrossolúveis (solúveis em água), quando consumidas em excesso, acabam sendo eliminadas pela urina ou pelo suor.

 Apesar de estarem ligadas à atividade física e ao mundo do atletismo, as vitaminas sozinhas não são responsáveis por aumentar a capacidade física. Entretanto, para indivíduos fisicamente ativos, faz-se necessária uma ingestão maior de vitaminas, devido ao fato de as reservas se esgotarem rapidamente quando o corpo é submetido a atividades intensas e desgastantes.

Outra particularidade das vitaminas é quanto às calorias. As vitaminas não possuem calorias, apenas em quantidades desprezíveis no caso de certos suplementos que contêm invólucro formulado com açúcar. Infelizmente, na maioria das vezes, não conseguimos suprir as quantidades de vitaminas necessárias diariamente. Isso se explica principalmente pelo fato de que a quantidade de vitaminas presente nos alimentos que ingerimos se modifica por inúmeros fatores, que variam desde o plantio do alimento em determinadas épocas e em solos impróprios até a maneira como ele é transportado e armazenado e o modo como será consumido. As vitaminas são sensíveis ao calor, à umidade, ao ar e à luz, e também podem ser destruídas durante o processo de preparação dos alimentos.

Devido a esses fatores, difíceis de serem medidos, torna-se árdua a tarefa de criar uma dieta com a quantidade adequada de vitaminas. Especialmente para mulheres, visto que, além das variações citadas, existem outros interferentes, como o estrógeno contido nas pílulas anticoncepcionais – usadas, atualmente, por um grande número de mulheres –, que podem afetar o nível de vitaminas, particularmente da B6.

A maior parte das perdas de vitaminas nos alimentos decorre do calor nos processos de fervura, pasteurização ou esterilização, assim como nos processos industriais de enlatamento e congelamento, uma vez que os alimentos congelados são, primeiramente, escaldados, para se destruírem as enzimas e os micro-organismos e garantir maior longevidade ao produto. Por isso, é recomendável o uso de suplementos alimentares, já que as vitaminas são consideradas nutrientes essenciais para a saúde, por servirem de base para funções cerebrais, contração muscular, balanço de fluidos e produção de energia.

Passaremos, agora, a tratar especificamente de algumas dessas vitaminas, encontradas naturalmente ou acrescidas aos suplementos com soro do leite, e que são fundamentais para nossa saúde.

Vitamina A
Conhecida também como retinol, essa vitamina possui um desempenho importante para a manutenção da visão, além de um sistema imune saudável, auxiliando a combater infecções. Ela tem funções antioxidantes e, do mesmo modo, é associada à manutenção da pele, dentes e tecidos do corpo. Diferentemente das vitaminas hidrossolúveis, que são solúveis em água e seu excesso acaba sendo descartado pela urina, a vitamina A é lipossolúvel, ou seja, é solúvel em gordura. Dessa forma, é armazenada pelo corpo e seu uso em excesso a torna maléfica à saúde. Em contrapartida, uma alimentação restrita em gordura fornecerá uma quantidade inferior à recomendada, o que não é benéfico para a saúde.

Não raro, encontra-se nos suplementos o uso combinado de vitamina A e betacaroteno, o que mantém bons níveis de vitamina e evita intoxicação. O betacaroteno é o precursor da vitamina A – ele é convertido em vitamina A pelo corpo, no entanto, sem o risco de intoxicação.

Vitamina C
Também conhecida como ácido ascórbico, é famosa e muito lembrada quando se fala de combate a gripes e resfriados. No entanto, esse ilustre antioxidante merece destaque no pódio das vitaminas por benefícios que vão muito além de auxiliar o corpo no combate aos resfriados, sobretudo para praticantes de atividades físicas, que estão constantemente expondo o organismo ao estresse gerado pelo esforço. Afinal, esse estresse não é diferente do estresse causado por uma doença ou pelo famoso resfriado. O estresse da atividade física também pode enfraquecer

o sistema imunológico se não forem tomadas as devidas cautelas quanto à nutrição. Esse antioxidante costuma fazer parte da dieta dos atletas, pois trabalha exatamente ajudando-os a se manterem sempre saudáveis e ativos.

Da mesma forma que a glutamina, a vitamina C tem como funcionalidade auxiliar na manutenção de um sistema imunológico forte durante períodos de treinamento, ajudando no equilíbrio do cortisol. Além disso, ajuda na manutenção da saúde de tendões, ligamentos e juntas, e também auxilia contra a inflamação e na desintoxicação do corpo. De modo semelhante ao que se verifica com outras vitaminas, seus estoques são utilizados pelo corpo de maneira mais rápida quando há estresse físico e/ou mental. Sendo assim, deve ser ingerida diariamente, de acordo com a necessidade individual de cada pessoa. A vitamina C carrega a notoriedade de ser considerada um dos antioxidantes mais importantes, por causa do seu papel na formação e na manutenção do colágeno, além de contribuir para a manutenção das articulações.

Além da atividade física, existem outras situações em que o uso dessa vitamina precisa ser maior que o recomendado diariamente, a exemplo da exposição à poluição, ao cigarro, ao álcool, à radiação ultravioleta; do consumo de gordura saturada e do próprio envelhecimento natural, pois são fatores que, por elevarem o número de radicais livres, aumentam a necessidade de consumo de antioxidantes. Radicais livres são compostos altamente reativos, criados no corpo durante funções metabólicas normais ou introduzidos a partir do ambiente. Uma parte do oxigênio que respiramos se transforma em radicais livres, o que explica o fato de o próprio exercício físico ser um importante gerador dessas moléculas. Para diminuir sua carga energética, os radicais livres reagem com algumas substâncias químicas no corpo e acabam intervindo na disposição das células em trabalhar normalmente.

Vitamina E

Compreende um complexo de substâncias conhecidas como tocoferóis e, como a vitamina C, também se mostra eficaz contra a deterioração das células, assim como contra o envelhecimento, em um processo chamado de ação antioxidante. Promovendo a destruição das membranas celulares, os radicais livres são responsáveis por uma vasta lista de problemas com a saúde. A vitamina E ajuda a defender as membranas celulares do corpo contra o estresse oxidativo, com a intenção de realizar a manutenção e proporcionar um bom funcionamento do sistema imunológico. Como foi visto anteriormente, são inúmeros os fatores que afetam o sistema imunológico, e até mesmo com o passar da idade ele se torna menos eficiente no combate a micróbios e vírus. Parte dessa decadência deve-se aos baixos níveis de vitamina E na corrente sanguínea. Essa vitamina indispensável é, de certo modo, responsável pela regeneração de quase todos os tecidos do corpo, principalmente em se tratando de sangue, pele, ossos, músculos e nervos. Em princípio, o consumo de vitamina E em quantidades adequadas é necessário a todos, especialmente para pessoas que praticam atividades físicas desgastantes, que treinam fortemente e levam o corpo a um esforço físico elevado.

Em nossa alimentação cotidiana, a vitamina E pode ser encontrada principalmente em fontes vegetais, sementes e óleos, o que torna difícil aumentar o seu consumo sem aumentar, do mesmo modo, o consumo de gordura. Por isso, é comum encontrar barras proteicas, por exemplo, fortificadas com essa vitamina, o que auxilia significativamente atletas e pessoas ativas a reduzirem os sintomas decorrentes da exaustão.

Complexo B

Complexo B é o nome dado à combinação de todas as vitaminas B em excelentes doses, auxiliando a digestão e a absorção de carboidratos, proteínas e lipídios, pois proporciona uma ação sinérgica entre essas vitaminas. Quando chega ao estômago, esse complexo ajuda no controle da ação do suco gástrico, facilitando, dessa forma, a digestão e a absorção dos nutrientes. Para esclarecer, veremos individualmente os benefícios das principais vitaminas que compõem o complexo B.

- **B1:** também batizada de tiamina, tem um excelente desempenho no sistema nervoso, nos músculos e no coração, além de atuar como ajudante das células no metabolismo da glicose. Sua deficiência está ligada à lesão cerebral, comumente associada a pessoas alcoólatras ou desnutridas.
- **B2:** igualmente conhecida como riboflavina, atua auxiliando nosso organismo no metabolismo das gorduras, açúcares e proteínas, tornando-a importante para a saúde dos olhos, pele e cabelo. Sua carência causa ardência nos olhos, pele seca, catarata e rachaduras nos cantos dos lábios, língua e bochecha.
- **B3:** recebe também o nome de niacina, com respeitável atuação no metabolismo celular e na reparação do DNA. Do mesmo modo, possui importantes funções na remoção de substâncias químicas e tóxicas do organismo, além de atuar na produção de hormônios pelas glândulas adrenais, proporcionando tônus muscular.
- **B5:** também conhecida como ácido pantatênico, auxilia no controle da capacidade de resposta do organismo ao estresse e no metabolismo de proteínas, gorduras e açúcares. Sua falta leva a sintomas de fadiga, assim como a má produção de imunoglobulinas, câimbras musculares, dores e cólicas abdominais, insônia, mal-estar, fraqueza de unhas e cabelo.
- **B6:** tem uma importante função na conversão da proteína, transformando-a em aminoácidos. Auxilia na formação dos

músculos e, do mesmo modo, ajuda a manter o fígado saudável, mantém a disponibilidade de energia, colabora no desenvolvimento de neurotransmissores e tem o papel de manter o sistema imunológico sadio.

- **B9:** mais conhecida como ácido fólico, possui funções benéficas. Pode-se destacar que tem o papel de facilitar a absorção celular e atuar em importantes reações metabólicas, principalmente no metabolismo dos aminoácidos. O ácido fólico é essencial para o desenvolvimento do sistema nervoso e da medula óssea, assim como na formação das células sanguíneas e de alguns dos constituintes do tecido nervoso.

- **B12:** tem se mostrado importante na produção da testosterona (hormônio responsável pela construção muscular), além de ajudar na manutenção do funcionamento correto do sistema nervoso e auxiliar no desenvolvimento das células vermelhas do sangue. Os sintomas mais comuns de deficiência dessa vitamina são: fadiga, confusão mental, perda de memória e fraqueza muscular. A vitamina B12, em especial, deve ser ingerida diariamente, pois não é cumulativa no organismo.

Vitamina D

Essencial para o equilíbrio do corpo, a vitamina D é necessária para a absorção do cálcio e do fósforo no intestino, para a sua mobilização a partir dos ossos e sua reabsorção nos rins. Além disso, desempenha o papel de garantir o funcionamento correto de músculos, nervos, coagulação sanguínea, crescimento celular e utilização de energia. O próprio depósito de minerais no esqueleto é mantido em decorrência de concentrações de cálcio e fósforo no sangue, fatores indiretamente relacionados à ação dessa importante vitamina. Entre os primeiros sintomas de sua deficiência estão os níveis reduzidos e sintetizados de cálcio e fósforo, em seguida acompanhados por fraqueza muscular e riscos elevados de se contrair infecção. Em relação a crianças, aparecem os sintomas de inquietação, irritabilidade e diminuição do apetite. As manifestações mais reconhecidas são relacionadas à perda de minerais dos ossos, resultando em deformidades do esqueleto.

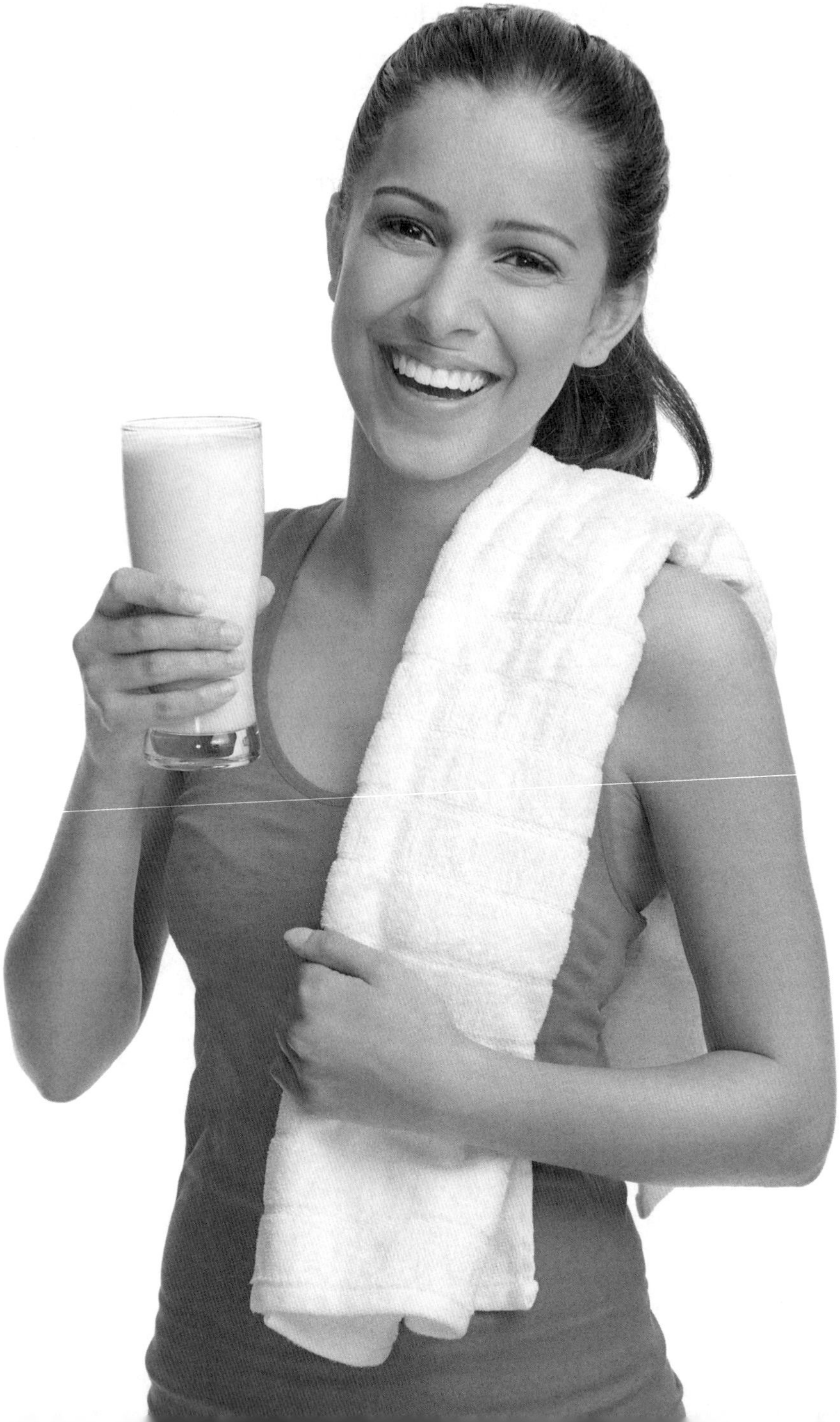

CAPÍTULO 5
ADICIONANDO WHEY PROTEIN À DIETA

Com base no que vimos nos capítulos anteriores, fica mais claro e fácil perceber que a nossa estrutura corporal é formada a partir dos alimentos consumidos e que a proteína possui papel crucial na formação de diversas estruturas de nosso corpo, por exemplo, cabelo, unhas, pele, ligamentos, músculos e órgãos. Sendo assim, não podemos fugir do fato de que "somos aquilo que comemos". Como nosso corpo é o dom mais precioso que possuímos, por ser a razão de nossa passagem nesta existência, é importante abastecermos com equilíbrio e respeito os bilhões de células que o formam. Um erro grave da população, infelizmente bastante comum, é "pular" refeições, quando, na realidade, para nos mantermos saudáveis devemos fazer justamente o contrário: comer.

Sem dúvida, devemos ter uma dieta rica e bastante variada, com diferentes fontes de nutrientes; essa recomendação é unânime entre especialistas no assunto. Todavia, como o Whey Protein possui o maior valor biológico entre as proteínas, ele deverá obrigatoriamente fazer parte desse cardápio. Atualmente, existem barras proteicas com Whey Protein que podem ser excelentes opções de lanche, proporcionando todos os nutrientes necessários. Em alguns casos, dependendo de sua composição, funcionam como substitutos de refeições completas, como almoço e jantar.

A forma mais comercializada do Whey Protein é em pó, que pode ser acrescentado a inúmeras receitas; entretanto, sua forma mais habitual de consumo é em shakes (batidas). Nesse caso, a melhor opção é consumi-lo com água, pois essa forma, além de conter valor calórico reduzido, aumenta sua velocidade de absorção; é ideal para ser consumido no desjejum ou no pré e pós-treino. Como exceção para pessoas que não se adaptem ao seu sabor, ou mesmo se a ideia não é consumi-lo como rápida absorção e sim em lanches de horários variados, pode-se utilizar, por exemplo, leite desnatado ou extrato solúvel de soja zero.

Atualmente, existem muitas opções de sabores e modelos diferentes, e, para quem não se identificar com nenhum deles, existe ainda a opção de comprar Whey Protein sem sabor, que é ideal para preparar com pratos salgados.

Outra questão que costuma gerar receio é sobre a utilização de suplementos por crianças. Nesse caso, sempre aconselho trocar o famoso achocolatado em pó por um Whey Protein sabor chocolate, na mesma proporção. Outra opção é substituir lanches de biscoitos recheados ou os famosos salgadinhos por barras proteicas, com a certeza de que se estará dando uma excelente opção de lanche para a criança, proporcionando-lhe os nutrientes necessários para seu normal desenvolvimento. Temos de ter claro que suplementos alimentares se enquadram na categoria de alimento e não de medicamento, portanto podem ser consumidos por qualquer indivíduo saudável, seja criança, idoso ou gestante.

Também é importante lembrar que esses suplementos não vão fazer ninguém ficar magro ou forte milagrosamente. Eles irão trabalhar única e exclusivamente na função suplementar de nossa alimentação.

Seguiremos agora com algumas receitas que poderão ser inseridas em sua dieta, devendo ser adaptadas de acordo com suas preferências.

5.1 Shakes

Batida antioxidante
Ingredientes
- 100 g de polpa congelada de açaí
- 30 g de Whey Protein sabor morango
- 50 ml de água

Modo de preparo
Liquidifique todos os ingredientes até dissolver todo o gelo da polpa. Consuma em seguida.

Batida com aveia
Ingredientes
- 200 ml de água gelada
- 3 colheres (sopa) de aveia em flocos finos
- 40 g de Whey Protein sabor chocolate
- 2 cubos de gelo

Modo de preparo
Coloque todos os ingredientes no liquidificador e bata tudo até que se forme uma mistura homogênea. Sirva em seguida.

Batida com frutas
Ingredientes
- 1 banana pequena
- 100 ml de leite desnatado
- 100 ml de suco de laranja natural
- 2 colheres (sopa) de amora
- 30 g de Whey Protein sabor baunilha
- 4 morangos
- Adoçante a gosto

Modo de preparo
Coloque todos os ingredientes no liquidificador e bata tudo até que se forme uma mistura homogênea. Sirva em seguida.

Batida de ameixa com limão

Ingredientes
- ½ xícara (chá) de cubos de gelo
- 1 ameixa madura sem caroço
- 150 ml de água
- 40 g de Whey Protein sabor baunilha
- Suco de 1 limão
- Adoçante a gosto

Modo de preparo
Coloque todos os ingredientes no liquidificador e bata tudo até que se forme uma mistura homogênea. Sirva em seguida.

Batida de banana

Ingredientes
- ½ banana congelada em cubos
- 20 g de Whey Protein sabor baunilha
- 200 ml de bebida de soja zero

Modo de preparo
Coloque todos os ingredientes no liquidificador e bata tudo até que se forme uma mistura homogênea. Sirva em seguida.

Batida de blueberry
Ingredientes
- 200 ml de leite desnatado
- 30 g de Whey Protein sabor morango
- 4 morangos
- 5 mirtilos (blueberry)
- 8 framboesas
- 8 cubos de gelo

Modo de preparo
Coloque todos os ingredientes no liquidificador e bata tudo até que se forme uma mistura homogênea. Sirva em seguida.

Batida de maçã
Ingredientes
- 1 maçã com casca em pedaços
- 200 ml de leite desnatado
- 30 g de Whey Protein sabor baunilha
- 1 colher (chá) de noz-moscada
- 5 cubos de gelo
- 1 colher (chá) de canela em pó

Modo de preparo
Coloque todos os ingredientes no liquidificador e bata tudo até que se forme uma mistura homogênea. Sirva em seguida.

Batida de morango

Ingredientes
- 150 ml de água gelada
- 30 g de Whey Protein sabor morango
- 4 cubos de gelo
- 5 morangos médios

Modo de preparo
Coloque todos os ingredientes no liquidificador e bata tudo até que se forme uma mistura homogênea. Sirva em seguida.

Batida revigorante

Ingredientes
- 1 banana picada
- 1 colher (sopa) de linhaça
- 100 ml de suco de uva sem açúcar
- 200 ml de bebida de soja zero
- 30 g de Whey Protein sabor baunilha

Modo de preparo
Coloque todos os ingredientes no liquidificador e bata tudo até que se forme uma mistura homogênea. Sirva em seguida.

Batida rica em vitamina C

Ingredientes
- 1 pote de iogurte natural desnatado
- 30 g de Whey Protein sabor morango
- 5 morangos
- Suco e raspas de uma laranja grande
- Adoçante a gosto

Modo de preparo
Coloque todos os ingredientes no liquidificador e bata tudo até que se forme uma mistura homogênea. Adicione adoçante se achar necessário. Sirva em seguida.

Batida rica em vitamina D

Ingredientes
- ½ maçã picada com casca
- ½ pera picada com casca
- 1 fatia pequena de mamão picado
- 200 ml de bebida de soja zero
- 3 cubos de gelo
- 30 g de Whey Protein sabor baunilha

Modo de preparo
Coloque todos os ingredientes no liquidificador e bata tudo até que se forme uma mistura homogênea. Sirva em seguida.

Cappuccino achocolatado

Ingredientes
- 1 colher (chá) de café solúvel
- 100 ml de leite desnatado gelado
- 200 ml de sorvete de creme *light*
- 30 g de Whey Protein sabor chocolate
- 5 cubos de gelo

Modo de preparo
Coloque todos os ingredientes no liquidificador e bata tudo até que se forme uma mistura homogênea. Sirva em seguida.

Milk-shake com castanha-de-caju

Ingredientes
- 100 ml de leite desnatado gelado
- 15 g de castanha-de-caju
- 3 colheres (sopa) de sorvete de creme *light*
- 30 g de Whey Protein sabor chocolate
- 5 cubos de gelo

Modo de preparo
Liquidifique os quatro primeiros ingredientes e, ao final, acrescente as castanhas, batendo novamente de forma leve. Sirva em seguida.

Milk-shake de Ovomaltine
Ingredientes
- 150 ml de leite desnatado gelado
- 2 colheres (sopa) de Ovomaltine
- 2 colheres (sopa) de sorvete de creme *light*
- 30 g de Whey Protein sabor chocolate

Modo de preparo
Liquidifique o Whey Protein com o leite e o sorvete. Após solubilizar, acrescente o Ovomaltine e pulse levemente para misturar. Sirva em seguida.

Smoothie de banana
Ingredientes
- 1 banana pequena
- 1 colher (chá) de essência de baunilha
- 1 colher (sopa) de linhaça
- 1 pote de iogurte natural desnatado
- 10 g de amêndoas
- 200 ml de bebida de soja zero
- 30 g de Whey Protein sabor baunilha
- 5 cubos de gelo

Modo de preparo
Coloque todos os ingredientes no liquidificador e bata tudo até que se forme uma mistura homogênea. Sirva em seguida.

Smoothie proteico

Ingredientes
- 1 fatia média de melão amarelo picado em cubos
- 1 pote de iogurte natural desnatado
- 2 colheres (sopa) de aveia em flocos finos
- 3 cubos de gelo
- 3 folhas de hortelã
- 30 g de Whey Protein sabor morango
- 5 morangos congelados
- Adoçante a gosto

Modo de preparo
Coloque todos os ingredientes no liquidificador e bata tudo até que se forme uma mistura homogênea. Sirva em seguida.

5.2 Bolos/Tortas

Bolo de caneca I
Ingredientes
- 1 colher (café) de essência de baunilha
- 1 colher (café) de fermento químico em pó
- 1 colher (sopa) de fibra de soja
- 1 colher (sopa) de farinha de trigo
- 1 colher (sopa) de óleo de coco
- 1 ovo
- 2 colheres (chá) de adoçante
- 40 g de Whey Protein sabor chocolate
- 4 colheres (sopa) de extrato de soja seco

Modo de preparo
Bata com um garfo os ingredientes líquidos na caneca e misture os secos à parte. Junte todos os ingredientes na caneca e asse por cerca de 3 minutos no micro-ondas. Sirva em seguida.

Bolo de caneca II

Ingredientes
- 1 colher (chá) de canela em pó
- 1 colher (chá) de essência de baunilha
- 1 colher (sopa) de farinha de trigo
- 1 colher (sopa) de óleo de coco
- 1 colher (sopa) rasa de fermento químico em pó
- 1 ovo
- 25 g de Whey Protein
- 3 colheres (sopa) de quinoa

Modo de preparo
Bata os ingredientes em uma caneca, exceto a canela, até a mistura ficar homogênea. Acrescente a canela e coloque no micro-ondas em potência alta por apenas 1 minuto. Sirva em seguida.

Bolo de cenoura com laranja

Ingredientes

Massa
- 1 colher (sopa) de óleo de coco
- 1 xícara (chá) de farinha de trigo integral
- 1 xícara (chá) de farinha de trigo branca
- 2 cenouras grandes raladas
- 3 colheres (sopa) de adoçante culinário
- 4 ovos
- 60 g de Whey Protein sabor baunilha
- Suco de 1 laranja
- 1 colher (sopa) de canela em pó
- 1 colher (sopa) de fermento químico em pó

Cobertura
- 1 colher (sopa) de adoçante culinário
- 100 ml de leite desnatado
- 2 colheres (sopa) de cacau em pó
- 1 colher (sopa) de manteiga sem sal

Modo de preparo

Coloque no liquidificador os ovos, o adoçante, a farinha, o suco de laranja, o óleo de forma gradual, a cenoura ralada e liquidifique.

Adicione os demais ingredientes, exceto o fermento, e bata novamente até que a massa fique homogênea. Acrescente o fermento logo em seguida.

Em uma fôrma untada com óleo e farinha integral, coloque a mistura e leve ao forno preaquecido a 180°C por, aproximadamente, 40 minutos.

Espere esfriar e desenforme.

Cobertura
Leve ao fogo os ingredientes da cobertura. Espere engrossar até apresentar a textura de uma calda fina e coloque sobre o bolo.

Bolo de chocolate com banana

Ingredientes
- 1 ovo inteiro
- 2 claras
- 3 colheres (sopa) de farelo de aveia
- 60 g de Whey Protein sabor chocolate
- 1 banana picada
- Canela em pó para polvilhar

Modo de preparo
Misture os três primeiros ingredientes, acrescente a banana e o Whey Protein. Polvilhe canela em pó e leve ao micro-ondas por 5 minutos. Sirva em seguida.

Bolo de chocolate com castanhas
Ingredientes
Massa
- 1 colher (sopa) de castanha-de-caju
- 1 colher (sopa) de castanha-do-pará
- 2 gemas
- 5 claras
- 2 xícaras (chá) de farinha de aveia
- 200 ml de leite
- 30 g de Whey Protein sabor chocolate
- 1 colher (sopa) de fermento químico em pó
- 2 bananas picadas
- Margarina *light* para untar a fôrma

Cobertura
- ½ barra de chocolate meio amargo ralado
- 1 banana cortada em rodelas para decorar
- 30 g de Whey Protein sabor chocolate
- Canela a gosto

Modo de preparo

Bata as 5 claras em neve em um recipiente e reserve.

Triture as castanhas no liquidificador (reserve alguns pedaços).

Misture na batedeira os seguintes ingredientes: castanhas, Whey Protein, gemas e farinha de aveia. Acrescente o leite aos poucos e bata até a massa ficar homogênea.

Acrescente o fermento em pó e as claras em neve, mexendo até misturar tudo. Coloque as bananas.

Preaqueça o forno a 200°C, unte uma fôrma redonda de pudim com margarina *light* e polvilhe com farinha de trigo integral. Deixe assar por 30 minutos.

Obs.: Não deixe a massa ficar muito seca. Abaixe a temperatura caso seja necessário.

Cobertura

Misture o Whey Protein com um pouco de água, adicione a barra de chocolate ralada e deixe derreter. Despeje por cima do bolo e decore com as rodelas de banana em volta. Se preferir, polvilhe canela em pó.

Bolo proteico I

Ingredientes
- 1 ovo inteiro
- 2 claras
- 3 colheres (sopa) de farelo de aveia
- 1 colher (sopa) de farinha de trigo
- 60 g de Whey Protein
- ½ banana ou maçã
- Canela em pó para polvilhar

Modo de preparo

Misture os ingredientes em um recipiente, exceto a banana (ou maçã) e a canela. Acrescente a fruta picada e polvilhe com canela.

Leve ao micro-ondas por 5 minutos.

Sirva em seguida.

Bolo proteico II

Ingredientes
- 1 clara
- 1 colher (chá) de adoçante culinário
- 1 colher (sopa) de farinha de trigo
- 1 colher (sopa) rasa de fermento químico em pó
- 20 g de aveia
- 200 g de batata-doce
- 25 ml de leite desnatado
- 30 g de Whey Protein

Modo de preparo

Coloque a batata-doce para assar no papel-alumínio por cerca de 1h30 a 180°C. Verifique com um palito se está macia, depois tire a casca e amasse.

Acrescente os demais ingredientes.

Misture, coloque a massa em uma fôrma retangular e leve ao forno por cerca de 40 minutos a 150°C.

Tortinha doce

Ingredientes
- 1 colher (sopa) de Whey Protein
- 1 ovo inteiro
- 7 claras
- Adoçante a gosto
- Canela a gosto
- Óleo de coco para untar

Modo de preparo

Bata as claras, o ovo e o adoçante até ficar quase em ponto de neve. Acrescente o Whey Protein.

Unte uma frigideira com óleo de coco.

Coloque o conteúdo da batedeira na frigideira e deixe em fogo baixo até começar a soltar das bordas. Tire do fogo por aproximadamente 30 segundos, evitando queimar a parte de baixo.

Obs.: Você poderá aumentar o fogo e repetir o processo até cozinhar por completo.

5.3 Doces

Banana com aveia
Ingredientes
- 1 banana
- 3 colheres (sopa) de aveia em flocos finos
- 30 g de Whey Protein
- 40 ml de água

Modo de preparo
Amasse a banana, acrescente o restante dos ingredientes e misture até ficar homogêneo.

Barra proteica

Ingredientes

- 1 banana amassada
- 1 colher (sopa) de manteiga de amendoim*
- 1 colher (sopa) de adoçante culinário
- 1 e ½ xícara (chá) de aveia em flocos ou quinoa
- 120 g de Whey Protein
- 200 ml de bebida de soja zero
- 4 castanhas-do-pará picadinhas
- 1 pitada de canela

Modo de preparo

Misture tudo e coloque em uma assadeira forrada com papel-manteiga e untada com óleo de coco. Asse por 15 a 20 minutos. Espere esfriar, corte e embrulhe em papel-alumínio.

* Receita de manteiga de amendoim: 500 g de amendoim torrado sem casca e sem sal, 2 colheres (sopa) de óleo de coco ou óleo de amendoim e 1 colher de adoçante. Passe tudo no processador aos poucos até virar uma pasta.

Creme de baunilha com calda de amora

Ingredientes

Creme
- 1 colher (chá) de essência de baunilha
- 1 pacote de gelatina sem sabor
- 200 g de creme de leite *light*
- 200 ml de bebida de soja zero
- 30 g de Whey Protein sabor baunilha
- Adoçante culinário a gosto

Calda
- 1 pacote de gelatina de amora zero
- 100 g de amoras congeladas

Modo de preparo

Creme
Dissolva a gelatina sem sabor em ¼ da bebida de soja.
Acrescente os demais ingredientes, deixando o creme de leite por último.
Distribua em taças e coloque na geladeira por aproximadamente 1 hora.

Calda
Faça a gelatina conforme descrito na embalagem e acrescente as amoras.
Coloque a gelatina ainda mole nas taças com o creme de baunilha e recoloque-as na geladeira. Sirva quando estiver consistente.

Creme rico em vitamina A
Ingredientes
- 1 pera
- 30 g de Whey Protein sabor baunilha
- 4 damascos
- 5 cubos de gelo

Modo de preparo
Coloque todos os ingredientes no liquidificador e bata tudo até que se forme uma mistura homogênea. Se necessário, acrescente água. Sirva em seguida.

Cremoso de banana
Ingredientes
- ½ banana congelada
- 2 colheres (sopa) de creme de leite fresco *light*
- 200 ml de água
- 30 g de Whey Protein sabor chocolate
- 5 cubos de gelo

Modo de preparo
Coloque todos os ingredientes no liquidificador e bata tudo até que se forme uma mistura homogênea. Sirva em seguida.

Cremoso de café

Ingredientes
- 150 ml de água
- 5 cubos de gelo
- 30 g de Whey Protein sabor baunilha
- 2 colheres (chá) de café solúvel

Modo de preparo
Coloque todos os ingredientes no liquidificador e bata tudo até que se forme uma mistura homogênea. Sirva em seguida.

Doce de coco

Ingredientes
- 1 colher (chá) de adoçante
- 1 colher (chá) de essência de baunilha
- 1 vidro de leite de coco *light*
- 120 g de Whey Protein sabor baunilha
- 50 g de coco ralado desidratado sem açúcar

Modo de preparo
Bata no liquidificador o leite de coco com o Whey Protein por 5 minutos, até ficar com consistência de leite condensado.

Sem desligar, acrescente a baunilha, o adoçante e metade do pacote de coco ralado.

Coloque numa tigela e leve para gelar.

Sirva com o restante do coco ralado.

Doce proteico

Ingredientes
- ½ barra proteica ralada
- 100 g de batata-doce roxa cozida e amassada com garfo
- 30 g de Whey Protein

Modo de preparo
Misture a batata-doce com o Whey Protein até formar uma massa homogênea. Leve à geladeira por aproximadamente 30 minutos, junto com a barra proteica, para facilitar ao ralar.

Modele em formato de bolinhas.

Passe na barra proteica ralada para dar efeito de granulado.

Frutas tropicais

Ingredientes
- ½ banana congelada
- 1 laranja picada
- 2 colheres (sopa) de creme de leite *light*
- 200 ml de água
- 30 g de Whey Protein sabor baunilha

Modo de preparo
Coloque todos os ingredientes no liquidificador e bata tudo até que se forme uma mistura homogênea. Sirva em seguida.

Gelado de morango
Ingredientes
- 2 pacotes de gelatina sem sabor
- 3 cubos de gelo
- 5 morangos picados
- 60 g de Whey Protein sabor morango
- Adoçante

Modo de preparo
Prepare a gelatina e deixe resfriar até que fique sólida. Liquidifique a gelatina com os demais ingredientes até ficar homogêneo. Leve ao freezer por 30 minutos e depois mantenha na geladeira.

Gelado proteico
Ingredientes
- 30 g de Whey Protein
- 100 ml de água

Modo de preparo
Liquidifique os ingredientes até formar um creme homogêneo. Em seguida, coloque em um pote de sobremesa e leve ao freezer por aproximadamente 1 hora.

Gelatina cremosa

Ingredientes
- 1 pacote de gelatina de morango *diet*
- 1 pote de iogurte desnatado
- 30 g de Whey Protein sabor morango

Modo de preparo
Prepare a gelatina conforme as instruções do fabricante e resfrie.

Quando estiver pronta, liquidifique com o restante dos ingredientes e leve para gelar. Sirva quando estiver consistente.

Granola proteica

Ingredientes
- 30 g de Whey Protein
- 1 pote de iogurte natural desnatado
- 2 colheres (sopa) de granola light
- 1 colher (sopa) rasa de mel

Modo de preparo
Misture o Whey Protein com o iogurte e dissolva bem. Coloque em uma tigela e acrescente a granola e o mel. Sirva em seguida.

Mousse de abacate

Ingredientes
- 1 abacate
- 1 colher (sopa) de castanha-do-pará picada
- 30 g de Whey Protein sem sabor

Modo de preparo
Liquidifique o abacate até obter um creme consistente. Caso necessário, acrescente um pouco de água.

Coloque o Whey Protein aos poucos até dissolver e formar uma mistura homogênea. Acrescente a castanha--do-pará e deixe por 30 minutos na geladeira.

Mousse de chocolate

Ingredientes
- 1 caixinha de pudim sabor chocolate zero
- 2 claras em neve
- 30 g de Whey Protein sabor chocolate
- 500 ml de leite desnatado

Modo de preparo

Liquidifique o Whey Protein com um pouco de água e reserve.

Coloque em uma panela o pó para pudim e o leite desnatado.

Em fogo brando, mexa a mistura com o auxílio de uma colher até levantar fervura. Acrescente o Whey Protein e misture. Mexa rapidamente até a mistura ficar homogênea.

Acrescente as claras em neve e misture delicadamente.

Coloque em taças e leve à geladeira.

Mousse proteica

Ingredientes
- 2 colheres (sopa) de granola *light*
- 2 colheres (sopa) de leite em pó desnatado
- 30 g de Whey Protein sabor baunilha
- Água a gosto

Modo de preparo
Liquidifique os ingredientes, exceto a granola, com água suficiente para a mistura. Coloque em uma taça e leve ao freezer até firmar. Acrescente a granola.

Panqueca de batata-doce

Ingredientes
- 1 colher (sobremesa) de canela em pó
- 1 ovo inteiro
- 100 g de batata-doce cozida (ponto firme)
- 30 g de Whey Protein
- 5 claras
- Adoçante a gosto
- Óleo de coco para untar

Modo de preparo

Bata tudo no liquidificador, exceto a canela. Com o auxílio de um guardanapo ou de um pincel, espalhe o óleo de coco em uma frigideira antiaderente. Com a frigideira aquecida, coloque aproximadamente uma concha do líquido. Abaixe a intensidade do fogo e cubra com uma tampa. Assim que dourarem as bordas, vire com a ajuda de uma espátula e refaça o processo até atingir o ponto de sua preferência. Ao término do preparo, polvilhe com canela.

Panqueca doce

Ingredientes

- 1 ovo
- ½ xícara (chá) de farinha de trigo integral
- ½ xícara (chá) de farinha de trigo branca
- 200 ml de leite desnatado
- 60 g de Whey Protein sabor baunilha
- Óleo de coco para untar

Modo de preparo

Misture todos os ingredientes em um recipiente, exceto o óleo. Com auxílio de um guardanapo ou de um pincel, espalhe o óleo de coco em uma frigideira antiaderente. Com a frigideira aquecida, coloque aproximadamente uma concha do líquido. Abaixe a intensidade do fogo e cubra com uma tampa. Assim que dourarem as bordas, vire com a ajuda de uma espátula e refaça o processo até atingir o ponto de sua preferência.

Panqueca proteica

Ingredientes
- 1 pitada de canela
- 10 claras
- 2 bananas-nanicas
- 2 colheres (sopa) de aveia em flocos
- 30 g de Whey Protein sabor chocolate
- Óleo de coco para untar

Modo de preparo

Bata todos os ingredientes no liquidificador de modo que tudo fique bem líquido. Caso prefira, reserve as bananas para o final. Com o auxílio de um guardanapo ou de um pincel, espalhe o óleo de coco em uma frigideira antiaderente. Com a frigideira aquecida, coloque aproximadamente uma concha do líquido. Abaixe a intensidade do fogo e cubra com uma tampa. Assim que dourarem as bordas, vire com a ajuda de uma espátula e refaça o processo até atingir o ponto de sua preferência.

Sorvete proteico I
Ingredientes
- 1 sachê de gelatina sem sabor
- 100 ml de água
- 2 cubos de gelo
- 30 g de Whey Protein de sua preferência
- Adoçante a gosto

Modo de preparo
Coloque todos os ingredientes no liquidificador e bata tudo até que se forme uma mistura homogênea. Sirva em seguida.

Sorvete proteico II
Ingredientes
- 30 g de Whey Protein
- 100 ml de leite desnatado

Modo de preparo
Liquidifique os ingredientes até formar um creme homogêneo. Em seguida, coloque em um pote de sobremesa e leve ao freezer por aproximadamente 1 hora.

5.4 Salgados

Minibolo salgado I
Ingredientes
Massa
- 1 ovo inteiro
- 150 ml de leite
- 30 g de Whey Protein sem sabor
- 5 claras
- ½ colher (café) de fermento químico em pó

Recheio
- 100 g de abobrinha
- Temperos a gosto (pimenta desidratada, alho em pó, salsinha, gengibre em pó)
- ½ xícara de folhas de espinafre fresco picado

Modo de preparo

Liquidifique os ingredientes da massa e reserve.

Em uma vasilha, coloque a abobrinha ralada, as folhas de espinafre e os temperos.

Junte a mistura reservada anteriormente com os vegetais.

Distribua a mistura em forminhas individuais.

Preaqueça o forno a 180°C e asse por 20 minutos.

Sirva em seguida.

Minibolo salgado II
Ingredientes

Massa
- 1 ovo inteiro
- 150 ml de água
- 30 g de Whey Protein sem sabor
- 5 claras
- ½ colher (café) de fermento químico em pó

Recheio
- ½ alho-poró picado
- 1 cebola
- 1 cenoura ralada
- 1 colher (sopa) de azeite de oliva
- 1 kg de peito de frango sem osso e sem pele
- 2 claras
- 2 dentes de alho
- Temperos (pimenta desidratada, orégano, mostarda em pó, páprica, salsinha)

Modo de preparo

Liquidifique todos os ingredientes da massa e reserve.

Refogue o frango, as claras, a cebola, o alho, a cenoura ralada, o alho-poró, o azeite e os temperos. Junte tudo com a mistura anterior.

Passe tudo no processador e coloque em forminhas individuais.

Preaqueça o forno a 180°C e asse por 40 minutos.

Sirva em seguida.

Omelete proteica

Ingredientes

- 1 gema
- 4 claras
- 35 g de Whey Protein sabor baunilha
- 2 fatias de peito de peru
- 1 colher (sopa) de queijo cottage
- Sal a gosto

Modo de preparo

Em um recipiente, coloque as claras e a gema e misture bem. Adicione o Whey Protein, as fatias de peito de peru, o sal e o queijo picado.

Unte uma frigideira com óleo. Despeje a mistura e acrescente 2 colheres (chá) de água. Deixe até dourar.

Pizza com Whey Protein
Ingredientes
Massa
- 200 g de farinha de trigo integral
- 200 g de farinha de trigo branca
- 80 g de aveia em flocos finos
- 1 tablete (15 g) de fermento biológico
- 40 g de Whey Protein sem sabor
- 200 ml de leite
- 30 ml de óleo
- 1 colher (chá) rasa de sal

Recheio
- Molho de tomate
- Vinagre branco
- Muçarela *light*
- 1 lata de atum

Modo de preparo

Dissolva o fermento no leite morno. Junte o óleo e o sal. Vá adicionando as farinhas, a aveia e o Whey Protein, misturando com as mãos, até obter uma massa homogênea.

Passe farinha sobre a massa. Cubra com um pano e deixe crescer por cerca de 2 horas, até dobrar de tamanho.

Passe um fio de azeite em uma fôrma antiaderente e abra a massa.

Leve ao forno em temperatura alta por 5 minutos.

Acrescente o molho de tomate misturado com 1 dedo de vinagre branco.

Cubra com muçarela e acrescente o atum.

Leve ao forno a 180ºC por 15 minutos.

Purê de batata

Ingredientes
- 1 colher (chá) de sal
- 1 dente de alho amassado
- 2 colheres (sopa) de margarina *light*
- 3 batatas médias
- 100 ml de leite
- 60 g de Whey Protein sem sabor

Modo de preparo
Cozinhe as batatas sem a casca. Escorra a água e amasse as batatas com um garfo. Acrescente a margarina, o alho, o leite, o sal e, por último, o Whey Protein. Sirva em seguida.

Torta rápida

Ingredientes

Massa
- 1 colher (chá) de fermento químico em pó
- 2 colheres (sopa) de óleo
- 2 ovos
- 200 ml de leite desnatado
- 300 g de farinha de trigo
- 60 g de Whey Protein sem sabor
- Sal e pimenta a gosto

Modo de preparo

Liquidifique todos os ingredientes.

Unte uma fôrma e coloque a metade da massa, em seguida acrescente o recheio de sua preferência.

Cubra com a outra metade da massa.

Leve ao forno a 180°C até dourar.

Opções de recheios: atum *light*, frango desfiado, legumes.

CONSIDERAÇÕES FINAIS
7 HÁBITOS SAUDÁVEIS

1. Prefira versões de alimentos *light*, nos quais existem, pelo menos, 25% menos de gordura, açúcar ou sal ou algum componente que não devemos consumir exageradamente em nossa dieta.
2. Frutas e, principalmente, sucos, apesar de serem uma boa fonte de vitaminas e fibras, quando consumidos em excesso são um dos principais vilões das dietas. Para esse caso, é recomendável consumir, no máximo, três porções de frutas por dia ou 1 copo de suco.
3. Beba, pelo menos, um copo de 250 ml de água a cada 2 horas. Saiba que, quando estamos com sede, nosso cérebro emite o mesmo sinal referente à falta de comida, induzindo-nos a comer alimentos mais calóricos e gordurosos para suprir essa falta. Fica a dica: a urina deve ir clareando ao longo do dia, assim você terá a certeza de que está hidratado.
4. Evite o consumo de carne vermelha, coma até 2 vezes na semana; no entanto, proteínas de alto valor biológico devem ser consumidas em todas as refeições. Você pode usar, além do Whey Protein, peixe, frango, ovos e proteína de soja como principais opções.
5. Evite as frituras e doces com açúcar branco. Dê preferência aos assados e grelhados, assim como, na hora da sobremesa, faça opção por itens que não contenham açúcar branco na composição.

6. Não "pule" as refeições, coma a cada 2 ou 3 horas. Quando ficamos muito tempo sem comer, o corpo acaba se preparando para absorver o máximo de calorias na próxima refeição. Principalmente quando for a festas ou rodízios, vale a regra de se alimentar 2 ou 3 horas antes do evento.

7. Prefira carboidratos integrais, como arroz, macarrão, pães, biscoitos e derivados.

REFERÊNCIAS

ACETO, C. **Understanding bodybuilding, nutrition and training**: Practical, quick reference, answers to common bodybuilding challenges. Lewiston, EUA: Nutramedia, 1999.

ANTUNES, A. J. **Funcionalidades de proteínas do soro do leite bovino**. São Paulo: Manole, 2003.

FINK, H. H.; MIKESKY, A. E.; BURGOON, L. A. **Practical applications in sports nutrition**. 2. ed. Canadá: Jones & Bartlett Publishers, 2008.

HARAGUCHI, F. K.; ABREU, W. C. de; PAULA, H. de. Proteínas do soro do leite: composição, propriedades nutricionais, aplicações no esporte e benefícios para a saúde humana. **Rev. Nutr.**, Campinas, v. 19, n. 4, jul./ago. 2006.

INSTITUTE OF MEDICINE. Dietary Reference Intakes for energy, carbohydrate, fiber, fat, fatty acids, cholesterol, protein, and amino acids. **National Academy Press**. Washington, D.C., 2000. Disponível em: <http://www.nap.edu/catalog.php?record_id=10490>. Acesso em: 16 mar. 2013.

MILLER, G. D.; JARVIS, J. K; MC BEAN, L. D. **Handbook of dairy foods and nutrition**. 2. ed. Florida: CRC Press LLC, 2000.

PEDROSA, Rogerio Graça; DONATO JUNIOR, Jose; TIRAPEGUI, Julio. Dieta rica em proteína na redução do peso corporal. **Rev. Nutr.**, Campinas, v. 22, n. 1, fev. 2009.

PERES, R. Nutrição esportiva. São Paulo. Disponível em: <http://rodolfoperes.com.br/Blog.aspx?cat=166>. Acesso em: 17 fev. 2013.

SGARBIERI, V. C. **Proteínas em alimentos proteicos**: propriedades, degradações, modificações. São Paulo: Varela, 1996.

VASEY, C. **The Whey prescription**: the healing miracle in milk. Trad. Jon E. Graham. EUA: Inner Traditions, 2006.

YADA, R. Y. **Protein in food processing**. Series in Food Science and Technology. Cambridge: Woodhead Publishing Limited, 2004.

ZADOW, J. G. **Whey and lactose processing**. England: Elsevier Applied Science, 1992.

Visite nosso site e conheça estes e outros lançamentos
www.matrixeditora.com.br

CORRER
Autor: Thor Gotaas

Nesta obra, você vai ver fatos inusitados sobre essa atividade física que cativa mais e mais pessoas a cada dia. Dos famosos corredores mensageiros incas, passando pela corrida ao longo das épocas e de diversos países e por lendas do esporte, como Abebe Bikila – o corredor etíope descalço que venceu a maratona dos Jogos Olímpicos de 1960, em Roma –, até as maratonas e Olimpíadas modernas.

POSTURAS RESTAURADORAS DE YOGA
Autor: Sandro Bosco

Este livro é indispensável para ter por perto em casa ou no trabalho, para consultar e ganhar alívio sempre que uma dor de cabeça ou nas costas aparecer ou em casos de ansiedade, estresse, depressão, insônia, sinusite ou até *jet lag* – aquele problema cada vez mais comum para quem viaja de avião. São trinta distúrbios para os quais você pode buscar cura e ainda preservar a sua saúde. Uma coisa importante que você vai aprender com esse livro é que a saúde precisa ser nutrida e mantida diariamente.

EM BUSCA DA LONGEVIDADE
Autora: Dra. Paula Cabral

O estilo de vida que você adotou para viver com saúde será realmente o ideal? Como explicar que certas pessoas que não se cuidam direito acabam tendo qualidade de vida melhor do que outras que seguem certos padrões tidos como corretos? Este livro vai fazer você rever diversos conceitos de vida.

VÁ SE DRENAR!
Autora: Ana Hara

Uma das maiores especialistas em drenagem linfática do Brasil resolveu mostrar em livro os benefícios que essa técnica pode trazer para a sua saúde. Você poderá entender melhor o seu corpo, descobrir o que é esse quase desconhecido sistema linfático e saber por que a drenagem é tão importante em sua vida. As toxinas e o estresse podem prejudicar o seu organismo, mas a drenagem linfática, aliada a hábitos saudáveis, deixa você mais bonita e cheia de saúde. Então, não perca mais tempo: leia esse livro e vá se drenar!

MATRIX

IMPRESSÃO E ACABAMENTO
Bartira Gráfica e Editora S/A